Édition : BoD · Books on Demand, 31 avenue Saint-Rémy, 57600 Forbach, bod@bod.fr
Impression : Libri Plureos GmbH, Friedensallee 273, 22763 Hamburg (Allemagne)

ISBN : 978-2-8106-1563-6
Dépôt légal : février 2025

Du même Auteur :

- La formation des aviateurs de la Royal Air Force et du Commonwealth 1934 - 1945. Histoire, programmes et matériels. ISBN 978-2322541973.

- Chasseurs de nuit et *Intruders* de la Royal Air Force contre la Luftwaffe : La première guerre électronique aérienne, 1939 - 1945. ISBN : 978-2322540396.

- Notes à l'intention des Pilotes pour différents appareils de la Royal Air Force (voir liste en fin d'ouvrage).

Table des matières

AVERTISSEMENT 3

Introduction 4

    Abréviations principales 4

    Le P-51 Mustang dans la RAF 4

    Le chasseur d'escorte : un idéal impossible à atteindre ? 5

NOTES pour les PILOTES de MUSTANG III & IV 6

Bibliographie sommaire sur le P-51 MUSTANG et le moteur Merlin 49

Quelques titres de cette série 50

AVERTISSEMENT

Ces Notes à l'intention des Pilotes ont bien évidement été traduites uniquement pour leur intérêt historique et ne doivent en aucun cas être employées pour le vol sur de vrais avions (pour les rares lecteurs qui ont la chance de posséder un Halifax, un Hamilcar ou autres Spitfire dans leur jardin !). Ces manuels étaient constamment tenus à jour et il a fallu choisir de traduire une version particulière qui n'est quasiment jamais la publication la plus récente. [1] La version traduite est donc une sorte de "photographie" dans le temps. Souvent, le choix de la version a été imposé par le peu de documentation ayant survécu ou par l'histoire particulière d'un avion.

Par contre, l'usage de ces manuels avec des simulateurs de vol peut permettre de vérifier le réalisme des logiciels et apporter une nouvelle dimension à cette activité, par exemple en suivant strictement les procédures recommandées.

---

[1] Par exemple ici, c'est une révision d'octobre 1944 qui a été choisie pour refléter les informations mises à la disposition des pilotes à ce moment de la guerre, mais les Notes des Mustang III et IV ont été à nouveau révisées après cela (par exemple par la liste de rectificatifs n°2 de mars 1945).

INTRODUCTION

Les lecteurs intéressés trouveront les conventions de traduction ainsi que l'histoire des manuels à l'intention des Pilotes dans **l'ouvrage de cette série consacré au Tiger Moth** [2] : la plupart des pilotes formés pendant la guerre ayant débuté sur cet avion, il a paru logique qu'il serve de base pour cette série de manuels.

Abréviations principales

AP : Air Publication (Publication *[du Ministère]* de l'Air britannique).
PN : Pilot's Notes (Notes à l'intention des Pilotes).   RAF : Royal Air Force.
TNA : The National Archives (UK) : Archives Nationales britanniques

----

Le P-51 Mustang dans la RAF

Le tableau ci-dessous résume les différentes versions du P-51 utilisées par la RAF pendant la Seconde Guerre Mondiale :

RAF Mk	Modèle	Moteur	Reconnaissance photo
I et IA	NA-73 et P-51	Allison V-1710-39 et 81	F-6A
II	P-51A	Allison V-1710-81	F-6B
III	P-51B et C	Packard Merlin V-1650-3 et -7	F-6C
IV et IVA	P-51D et K	Packard Merlin V-1650-7	F-6D et F-6K

La RAF a acheté 620 Mustang et en a reçu 1.932 autres dans le cadre du prêt-bail.

En raison de leurs performances réduites à haute altitude, les Mustang I et II ont été utilisés, à partir du printemps 1942, dans les escadrons d'appui-feu et de reconnaissance de l'Army Cooperation Command de la RAF. Ces avions ont initialement été aussi quelque peu délaissés par l'USAAF qui n'employait qu'une version d'attaque en piqué (baptisée A-36 Apache).

Les bombardiers de l'USAAF, tout comme ceux du RAF Bomber Command en 1939-41, s'étaient fait tailler en pièces en 1943 en essayant d'opérer en plein jour. Un chasseur d'escorte était donc indispensable, et le Mustang à moteur Merlin s'est rapidement imposé. La RAF, qui utilisait ses bombardiers de nuit et ne croyait pas possible de concevoir un chasseur efficace capable d'atteindre l'Allemagne, [3] a été plus lente à utiliser ses Mustang dans ce rôle (voir ci-après).

---

[2] *"Notes pour les Pilotes de Tiger Moth T. Mk. 2"*, ISBN : 978-2322561292.
[3] Pour plus de détails, voir page 226 du livre *"The Royal Air Force and aircraft design, 1923-1939"* de Colin Sinnott, Routledge, 2003, ISBN 978-0415761307. Sinnott défend

Le chasseur d'escorte : un idéal impossible à atteindre ?

Les stratèges alliés, aussi bien de la Royal Air Force que de l'US Army Air Corps, croyaient dur comme fer que les formations de bombardiers seraient invulnérables aux attaques de chasseurs. Vingt jours après le début du conflit, le commandant du Bomber Command écrivait encore qu'il préférait *"de loin que la puissance de feu des bombardiers existants soit accrue plutôt que de tenter de leur fournir une escorte qui est non-économique et insatisfaisante".* [4] Un mois plus tard, il propose même d'équiper certains bombardiers de plus de mitrailleuses et de mines aériennes remorquées pour agir comme une arrière-garde au profit des autres bombardiers. [5]

En mars 1942, cette idée de disposer de "croiseurs aériens" lourdement armés est remise sur le tapis car même *"au sein du Fighter Command, nous ne pensons pas disposer un jour d'un chasseur capable d'escorter les bombardiers durant de longs raids de jour. ... Notre expérience démontre que ... le chasseur d'escorte à longue distance est un flop."* [6] Entre mai et juillet 1943, les Américains ont testé au combat ce concept de bombardiers d'escorte lourdement armés avec des Forteresses Volantes (YB-40), sans grand succès, les "croiseurs aériens" se faisant distancer au retour par les bombardiers libérés de leur charge de bombes.

Finalement, l'emploi de bidons largables de carburant, puis les améliorations des avions ont permis de disposer de chasseurs d'escorte. Le graphe ci-dessous montre l'évolution du rayon d'action des principaux chasseurs alliés en 1943-44 :

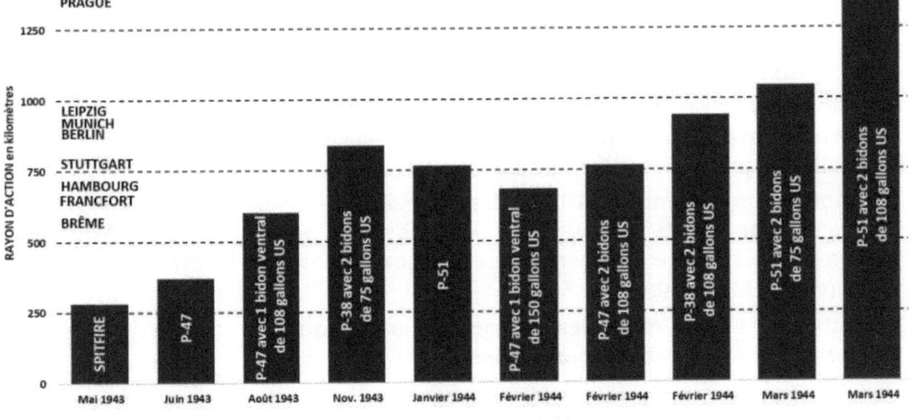

la thèse qu'effectivement un bon chasseur d'escorte n'était pas faisable avec la technologie des années trente, mais qu'ensuite les progrès, notamment en matière d'aérodynamique et de motorisation, ont permis son émergence.

[4] Lettre BC/S.20229/C-in-C *"Fighters and/or Bombers as Escorts for Bomber Aircraft",* du 23 septembre 1939, conservée sous la référence AIR 14/154, pièce 21A, TNA.

[5] Lettre BC/S.20229/C-in-C *"Bomber Defence and Armament",* du 26 octobre 1939, conservée sous la référence AIR 14/154, pièce 23A, TNA.

[6] Lettre *illisible*-744/DO/Ops du QG du Fighter Command *"The Escort Fighter",* du 7 mars 1942, conservée sous la référence AIR 14/154, pièce 68B, TNA.

NOTES POUR LES PILOTES DE
MUSTANG III & IV

MOTEUR PACKARD MERLIN V-1650-3 ou V-1650-7

RÉVISIONS

À mesure des besoins, des listes de révisions seront publiées.

Ces listes seront enduites de colle pour que l'on puisse les fixer à l'intérieur de la couverture du livre.

Chaque liste de révisions comprendra toutes les mises à jour récentes et, si nécessaire, des feuillets à coller aux endroits voulus dans le texte.

On devra certifier l'insertion d'une liste de révisions en inscrivant ci-dessous la date de l'entrée et les initiales de la personne ayant effectué cette mise à jour.

LISTE N°	INITIALES	DATE	LISTE N°	INITIALES	DATE
1	A. B.	Oct. 1944	2		

NOTES POUR LES UTILISATEURS

Cette publication se divise en cinq parties : Description, Pilotage, Caractéristiques, Situations d'Urgence et Illustrations.

La première partie ne donne qu'une brève description des commandes avec lesquelles le pilote devra se familiariser.

Ces notes complètent la Publication *"A.P.2095 - Notes générales pour les Pilotes"* et supposent une parfaite connaissance de son contenu. Tous les pilotes devraient être en possession d'un exemplaire de la Publication A.P. 2095 (voir A.M.O. A93/43). [7]

Les mots en lettres capitales indiquent les marquages tels qu'ils existent sur les commandes correspondantes.

Des exemplaires supplémentaires peuvent être obtenus à l'A.P.F.S. *[Air Publications and Forms Store]*, Fulham Road, S.W.3, en portant sur le formulaire R.A.F. 294A, en double, le numéro de cette publication en toutes lettres : A.P. 2025 G & H - P.N.

Les commentaires et les suggestions devront être transmis par la voie hiérarchique au Ministère de l'Air. (D.T.F.).

---

[7] Ordre du Ministère de l'Air, catégorie "Administrative". Le Ministère avait une production prolifique d'ordres de ce type : 476 en 1938, et 1.205 en 1945 !

MUSTANG III

NOTES POUR LES PILOTES DE MUSTANG III & IV

TABLE DES MATIÈRES

Ière PARTIE : DESCRIPTION

	Paragr.
INTRODUCTION	1
CIRCUITS DE CARBURANT ET D'HUILE	
Réservoirs de carburant	2
Robinet de carburant	3
Pompes de gavage de carburant	4
Pompe d'amorçage	5
Circuit d'huile	6
SYSTÈMES PRINCIPAUX	
Circuit hydraulique	7
Système pneumatique	8
Circuit électrique	9
COMMANDES DE VOL	
Pédales du palonnier	10
Blocage des commandes de vol	11
Commandes des compensateurs	12
Blocage de la roulette de queue	13
Levier de sélection du train d'atterrissage	14
Voyants d'alarme du train d'atterrissage	15
Volets hypersustentateurs	16
Freins	17
Compas à indication déportée	18
COMMANDES DU MOTEUR	
Manette des gaz	19
Commande de mélange	20
Commande d'hélice	21
Compresseur	22
Prise d'air du carburateur	23
Démarrage du moteur	24
Volets des radiateurs du liquide de refroidissement et d'huile	25
COMMANDES POUR LES OPÉRATIONS	
Tir des mitrailleuses	26
Réchauffage des mitrailleuses	27
Système de libération des bombes	28
AUTRES COMMANDES	
Ventilation	29
Chauffage	30
Dégivrage du pare-brise	31
Éclairage des instruments	32
Circuit d'oxygène	33

IIème PARTIE : INSTRUCTIONS DE PILOTAGE — **Paragr.**

Utilisation du circuit de carburant	34
Préliminaires	35
Mise en route du moteur et montée en température	36
Vérification du moteur et des systèmes	37
Roulage au sol	38
Check-list avant décollage	39
Décollage	40
Montée	41
Pilotage normal	42
Perte de vitesse - décrochage	43
Vrille	44
Piqué	45
Voltige	46
Check-list avant atterrissage	47
Atterrissage	48
Atterrissage manqué	49
Approche radioguidée	50
Après l'atterrissage	51

IIIème PARTIE : CARACTÉRISTIQUES D'UTILISATION

Caractéristiques du moteur, Packard Merlin V-1650-3 ou -7	52
Limites de pilotage	53
Correction d'erreur de position	54
Performances maxima	55
Distance franchissable maximale	56
Capacité et consommations de carburant	57

IVème PARTIE : SITUATIONS D'URGENCE

Panne du système hydraulique	58
Largage d'urgence de bombes ou de réservoir supplémentaire	59
Évacuation par parachute	60
Atterrissage forcé	61
Trousse de premiers soins	62
Amerrissage	63
Charges incendiaires	64
Destruction du transpondeur IFF	65

Vème PARTIE : ILLUSTRATIONS — **Fig.**

Schéma simplifié du circuit de carburant	1
Tableau de bord	2
Poste de pilotage : côté gauche	3
Poste de pilotage : côté droit	4

Ière PARTIE - DESCRIPTION

INTRODUCTION

1. Les Mustang III et IV sont des chasseurs monoplaces monoplans à voilure basse de construction métallique, motorisés par un Packard Merlin V-1650-3 ou V-1650-7 [8] équipé d'une hélice quadripale à vitesse constante Hamilton Hydromatic. [9] Des mitrailleuses de 0,5 pouces *(12,7 mm)* sont installées dans les ailes, quatre sur le Mustang III et six sur le Mustang IV. Il est possible d'emporter jusqu'à 2 bombes de 1.000 livres *(454 kg),* une sous chaque aile. Le Mustang IV a une masselotte d'inertie montée sur le circuit de commande de la profondeur qui améliore les caractéristiques de manœuvre à pleine charge.

CIRCUITS DE CARBURANT ET D'HUILE

2. **Réservoirs de carburant** : Deux réservoirs de 76½ gallons Impériaux (92 gallons U.S. *(348 litres)*) sont installés, un dans chaque aile, et il est possible d'emporter soit deux réservoirs largables de combat de 62½ gallons Impériaux (75 gallons U.S. *(284 litres)*) soit deux réservoirs largables de convoyage de 125 gallons Impériaux (150 gallons U.S. *(568 litres)*), un sous chaque aile. Sur les modèles d'avion récents un réservoir auxiliaire de 71 gallons Impériaux (85 gallons U.S. *(386 litres)*) peut être emporté dans le fuselage. La canalisation de retour des vapeurs de carburant du carburateur est reliée au réservoir principal gauche. Les réservoirs largables sont automatiquement pressurisés par de l'air comprimé provenant du refoulement de la pompe à vide, sur laquelle le pilote n'a aucun contrôle. Pour se débarrasser des réservoirs largables, *se reporter* au paragraphe 28.

Deux jauges de carburant à lecture directe sont installées pour les réservoirs principaux, une de chaque côté du poste de pilotage sur le plancher. Il n'y a pas de jauge de carburant pour les réservoirs largables. Sur les avions récents, une jauge de carburant pour le réservoir du fuselage est placée derrière l'épaule gauche du pilote.

3. **Robinet de carburant**

   (i) <u>Sur les premiers modèles d'avions sans réservoir auxiliaire du fuselage</u> : Un robinet de sélection de carburant est placé sous le panneau avant des interrupteurs, avec les marquages MAIN TANKS,

---

[8] Le moteur Packard Merlin V-1650-3 développant 1.800 chevaux était dérivé du Rolls-Royce Merlin 63. Le Packard Merlin V-1650-7 développant 1.315 chevaux était dérivé du Rolls-Royce Merlin 66. La Packard Motor Car Company a produit des moteurs Merlin sous licence aux États-Unis à partir de l'été 1941.

[9] Hélice Hydromatic : produite par De Havilland ou Hamilton. Le nom Hydromatic vient de la contraction des mots "hydraulique" et "automatique".

RIGHT DROP TANK, OFF, LEFT DROP TANK. [10] Quand le sélecteur est tourné sur MAIN TANKS, les deux réservoirs sont reliés au moteur via des clapets de non-retour. Quand le sélecteur est tourné sur l'un ou l'autre des réservoirs largables, le carburant s'écoulera directement de ce réservoir au moteur, sans passer par les réservoirs principaux.

(ii) <u>Sur les modèles d'avions récents avec possibilité d'installer un réservoir auxiliaire du fuselage</u> : Le robinet sélecteur de carburant, qui n'a pas de position OFF, est sous le panneau avant des interrupteurs, et le robinet d'isolement du carburant est actionné par un levier à côté du sélecteur. Le robinet sélecteur a cinq positions : FUSELAGE TANK, MAIN TANK L.H., COMBAT DROP TANK R.H., COMBAT DROP TANK L.H., MAIN TANK R.H. [11] Quand le sélecteur est tourné sur l'une ou l'autre des positions de réservoir principal, les deux réservoirs principaux sont reliés au moteur via des clapets de non-retour, mais la pompe de gavage en marche ne sera que celle du réservoir choisi, de telle façon que le moteur sera alimenté surtout par le réservoir principal choisi. Quand le sélecteur est tourné sur l'un ou l'autre des réservoirs largables, le carburant s'écoulera de ce réservoir directement au moteur, sans passer par les réservoirs principaux.

4. **Pompes de gavage de carburant**

(i) <u>Sur les premiers modèles d'avions sans réservoir auxiliaire du fuselage</u> : Chaque réservoir principal est doté d'une pompe électrique de gavage ; les deux commutateurs sont sur le panneau avant des interrupteurs et ont trois positions : NORMAL, OFF, EMERGENCY. [12] Le sélecteur de carburant doit également être sur la position MAIN TANKS pour que les pompes de gavage fonctionnent. La position NORMAL est employée pour la mise en marche du moteur et en vol, et permet d'obtenir une pression de carburant de 12 lb./sq.in. [13] *(0,83 bars)*, sans aide de la pompe mue par le moteur. La position EMERGENCY est employée pour le décollage, ou si la pression de carburant tombe suite à une panne de la pompe mue par le moteur, et donne une pression de 14 lb./sq.in. *(0,97 bars)*, sans aide de la pompe entraînée par le moteur.

---

[10] Pour correspondre aux Illustrations, le texte n'a pas été traduit ci-dessus : MAIN TANKS = Réservoirs principaux, RIGHT DROP TANK = Réservoir largable droit, OFF = Fermé, LEFT DROP TANK = Réservoir largable gauche. Le terme de "bidon" est aussi utilisé pour les réservoirs largables.

[11] FUSELAGE TANK = Réservoir du fuselage, MAIN TANK L.H. = Réservoir principal gauche, COMBAT DROP TANK R.H. = Réservoir largable de combat droit, COMBAT DROP TANK L.H. = Réservoir largable de combat gauche, MAIN TANK R.H.= Réservoir principal droit.

[12] NORMAL = Fonctionnement normal de la pompe de gavage. OFF = Pompe de gavage à l'arrêt. EMERGENCY = Fonctionnement d'urgence de la pompe de gavage.

[13] Unité de pression britannique : "livres par pouce carré", laissée ici sous l'abréviation anglaise comme dans les documents traduits à l'époque en français. La valeur convertie en bars a été ajoutée lors de la traduction.

En vol, les pompes de gavage peuvent être employées pour contrôler un soutirage différent des réservoirs principaux, par arrêt de l'une des pompes.

(ii) <u>Sur les modèles d'avions récents avec possibilité d'installer un réservoir auxiliaire du fuselage</u> : Les deux réservoirs principaux et le réservoir du fuselage sont dotés de pompes de gavage ; il y a un commutateur principal des pompes de gavage sur le panneau avant des interrupteurs avec trois positions : NORMAL, OFF, et EMERGENCY. Le robinet sélecteur de carburant met la pompe de gavage en marche dans le réservoir choisi, si le commutateur principal est soit sur la position NORMAL soit sur celle EMERGENCY.

5. **Pompe d'amorçage** : La pompe d'amorçage est du côté droit inférieur du tableau de bord. Pour l'utiliser, enfoncez la poignée et tournez-la dans le sens contraire des aiguilles d'une montre pour la déverrouiller. Retirez alors la poignée et la pompe. Lorsque l'amorçage est fait, poussez la poignée sur sa position d'origine et tournez la dans le sens des aiguilles d'une montre pour la verrouiller.

6. **Circuit d'huile**
   (i) Le réservoir d'huile a une capacité de 12,5 gallons U.S. (10,4 gallons Impériaux *(47,3 litres)*) plus 3,0 gallons U.S. (2,6. gallons Impériaux *(11,8 litres)*) de volume d'air.

   (ii) Sur les premiers modèles d'avions le volet du radiateur d'huile est manœuvré hydrauliquement, sur les avions récents il est électrique. Dans les deux cas le volet peut être commandé soit automatiquement par le thermostat soit manuellement. *Se reporter au paragraphe 25.*

   (iii) Un système de dilution d'huile est installé ; l'interrupteur est sur le panneau avant des interrupteurs. [14]

SYSTÈMES PRINCIPAUX
7. **Circuit hydraulique**
   (i) Le circuit de freinage et la pompe entrainée par le moteur du système hydraulique aspirent tous deux le fluide du même réservoir hydraulique ; ils ont cependant des canalisations complètement séparées. Un volume de réserve pour l'opération des freins est emprisonné dans le réservoir.

   (ii) La pompe hydraulique entrainée par le moteur permet le fonctionnement des équipements suivants :
   Portes et carénages du train d'atterrissage
   Volets hypersustentateurs
   Volet du radiateur *[de liquide de refroidissement]* (sur les premiers modèles d'avions)

---

[14] L'huile est diluée avec du carburant afin de faciliter le démarrage le jour suivant.

Volet du radiateur d'huile (sur les premiers modèles d'avions)

(iii) Un accumulateur hydraulique est monté, qui fournit une réserve de pression hydraulique quand la pompe entrainée par le moteur ne fonctionne pas. Une soupape de décharge retourne la pression de la pompe entrainée par le moteur vers le réservoir quand la pression de l'accumulateur atteint 1.000 lb./sq.in. *(69 bars)*.

(iv) Une pompe à main est installée sur le Mustang III (mais pas sur le Mustang IV) du côté droit du siège pour actionner les volets hypersustentateurs, et, sur les premiers modèles d'avions, et les volets des radiateurs d'huile et de liquide de refroidissement, quand la pompe de moteur ne fonctionne pas. Pour actionner la pompe à main tirez la poignée et tournez dans le sens contraire des aiguilles d'une montre pour verrouiller. Placez ensuite le levier sélecteur sur la position désirée et opérez la pompe à main en haut et en bas.

8. **Système pneumatique** : Une pompe à vide entrainée par le moteur permet le fonctionnement des instruments gyroscopiques, et le refoulement de la pompe à vide est utilisé pour pressuriser les réservoirs largables, s'ils sont installés. Le manomètre d'aspiration doit normalement indiquer 3¾ - 4¼ pouces de mercure (*127 - 144 mbar*).

9. **Système électrique** : Du courant 24 volts est fourni par un générateur entrainé par le moteur et une batterie pour faire fonctionner les équipements suivants :

Instruments électriques.   Éclairage du poste de pilotage.
Réchauffage de la sonde Pitot   Phares d'atterrissage.
Feux de navigation.   Appareil-photo.
Solénoïde de dilution d'huile.   Collimateur.
Pompes de gavage de carburant.   Radio.
Commande du changement de rapport du compresseur.
Démarreur électrique du moteur et bobine de démarrage.
Système de libération des bombes, si installé.
Voyants avertisseurs du train d'atterrissage.
Mise à feu et réchauffage des armes.
Éclairage fluorescent des instruments.
Interrupteurs thermostatiques des radiateurs d'huile et de liquide de refroidissement, et sur les avions récents, le fonctionnement des volets de ces radiateurs.

Les coupe-circuits principaux pour le générateur et la batterie sont placés sur le panneau des interrupteurs de droite ; le coupe-circuit du générateur doit toujours être fermé (ON). Quand le coupe-circuit principal de batterie est fermé (ON), les autres circuits seront alimentés quand leurs interrupteurs respectifs seront fermés. Une prise pour connecter une batterie au sol est montée du côté droit du fuselage. La batterie de l'avion doit être isolée lorsqu'une batterie au sol de démarrage est connectée.

Une rangée de disjoncteurs est installée sur le panneau des interrupteurs de droite ; ils s'ouvrent si leurs circuits respectifs sont en surtension, et peuvent être remis en service en les poussant à nouveau en position normale.

COMMANDES DE VOL

10. **Pédales du palonnier** : Les pédales du palonnier sont réglables en vol en fonction de la taille des jambes du pilote. Poussez le levier de réglage à l'intérieur de la pédale vers le centre de l'avion pour désengager la goupille de verrouillage, puis poussez la pédale sur la position désirée et libérez le levier. Il y a cinq réglages possibles ; assurez-vous que les deux pédales sont sur la même position.

11. **Blocage des commandes de vol** : [15] Le système de blocage des commandes de vol est sur le plancher devant le manche à balai. Pour bloquer les commandes, soulevez le système de blocage, retirez la goupille et engagez-la dans un des deux trous dans la patte en bas du manche à balai. Quand le système de blocage est engagé dans le trou inférieur, les commandes de vol et la roulette de queue sont verrouillées. Quand le système de blocage est engagé dans le trou supérieur, les commandes de vol sont verrouillées mais la roulette de queue peut pivoter sur 360° ; cette position est employée quand l'avion doit être remorqué au sol.

12. **Commandes des compensateurs** : Des volants de réglage et des indicateurs sont montés à gauche du poste de pilotage pour les compensateurs de profondeur, des ailerons et de direction. Les mouvements sont :

Profondeur	Dans le sens des aiguilles d'une montre	Tendance à piquer
Ailerons	Dans le sens des aiguilles d'une montre	Aile droite vers le bas
Direction	Dans le sens des aiguilles d'une montre	Nez vers la droite

13. **Verrouillage de la roulette de queue** : La roulette de queue peut soit être verrouillée au palonnier et être orientée avec un débattement de 6° de part et d'autre, soit être libérée pour lui permettre de tourner sur 360°. La roulette de queue est verrouillée en position orientable quand le manche à balai est tenu en arrière au-delà de la position neutre. Pour libérer la roulette de queue, mettez le manche à balai complètement en avant : lorsque le manche à balai passe par la position neutre, le déverrouillage pourra être ressenti.

14. **Levier sélecteur du train d'atterrissage** : Ce levier est sur le côté gauche du poste de pilotage près du plancher. Quand tout le poids de l'avion est sur les roues, le sélecteur du train d'atterrissage ne peut pas être déplacé sur la position UP et le train d'atterrissage ne peut pas être

---

[15] Les gouvernes sont bloquées au sol pour éviter que le vent ne les fasse bouger de façon anarchique.

rétracté. Avant de choisir DOWN ou UP, [16] le levier sélecteur doit être déplacé vers la droite pour libérer le crochet qui s'engage dans des encoches aux positions UP et DOWN. Si DOWN a été sélectionné et que les portes de carénage du train d'atterrissage ont commencé à s'ouvrir, le sélecteur ne peut pas être placé sur UP jusqu'à ce que l'opération soit terminée.

DOWN peut être sélectionné avant que le train d'atterrissage ait été entièrement rétracté.

En cas de panne du circuit hydraulique du train d'atterrissage, les portes de carénage du train d'atterrissage peuvent être libérées en tirant le bouton rouge marqué EMERGENCY PULL TO OPEN LANDING GEAR FAIRING DOORS ; [17] quand ceci est actionné le circuit hydraulique principal est court-circuité, permettant aux portes de carénage et au train d'atterrissage de descendre sous leur propre poids.

Pour le fonctionnement de secours du train d'atterrissage, *se reporter au paragraphe 58.*

15. **Voyants d'alarme du train d'atterrissage**

   (i) Sur tous les avions un voyant rouge d'alarme et un bouton de test sont montés au-dessous du pare-brise. Lorsque les roues sont verrouillées en position haute, la lampe s'allume quand la manette des gaz est ouverte de moins d'un tiers.

      Avec les roues entre les positions de verrouillage *[haute et basse]* la lampe rouge s'allume quelle que soit l'ouverture de la manette des gaz, et quand les roues sont verrouillées en position basse la lampe s'éteint.

      Ce voyant d'alarme n'indique pas la position des portes de roue.

   (ii) Sur certains avions des voyants d'alarme additionnels pour le train d'atterrissage sont montés sur le côté gauche du tableau de bord. La lampe centrale indique la position de la roulette de queue et les lampes externes celles des roues principales. Les indications sont :

Verrouillé en position basse	Vert
Verrouillé en position haute ou entre les positions de verrouillage	Rouge

      La luminosité des lampes peut être abaissée pour l'usage nocturne en tournant le bouton central dans le sens contraire des aiguilles d'une montre et elles peuvent être testées en pressant ce bouton.

16. **Volets hypersustentateurs** : Le sélecteur des volets hypersustentateurs est sur la face arrière de la console des commandes du côté gauche du poste de pilotage. Le sélecteur se déplace dans un quart de cercle qui comporte des encoches aux positions UP, 10°, 20°, 30°, 40° et 50°. Pour obtenir n'importe laquelle de ces ouvertures des

---

[16]   DOWN = Position basse ; UP = Position haute.

[17]   EMERGENCY PULL TO OPEN LANDING GEAR FAIRING DOORS = En cas d'urgence, tirez pour ouvrir les portes de carénage du train d'atterrissage.

volets hypersustentateurs le sélecteur est déplacé à l'encoche appropriée et laissé là. Une butée est montée en travers du quart de cercle à la position 20° (DÉCOLLAGE). Elle peut être tournée de façon à être parallèle au quart de cercle pour obtenir de plus grands angles d'ouverture des volets. Lorsque de gros réservoirs largables de convoyage sont emportés, les volets hypersustentateurs ne doivent pas être abaissés de plus de 20° et la butée doit être laissée en travers du quart de cercle pour empêcher tout abaissement supérieur. Un indicateur de position des volets hypersustentateurs est peint sur le bord d'attaque de l'aileron gauche, et peut être vu de la fenêtre du poste de pilotage.

17. **Freins**

    (i) Les freins sont actionnés par l'extrémité haute des pédales (au niveau des orteils) du palonnier et peuvent être utilisés de façon différentielle.

    (ii) La poignée PARK BRAKE [18] est en bas au centre du tableau de bord. Pour se garer, tirez la poignée légèrement, enfoncez puis relâchez les pédales, et enfin relâchez la poignée. Pour libérer le frein de parking, enfoncez les pédales.

18. **Compas à indication déportée** : [19] Une indication déportée du compas est montée qui, sur la plupart des avions, se met en marche quand le coupe-circuit de batterie est fermé (ON). Sur certains avions il y a également un interrupteur, sur le panneau avant des interrupteurs, qui doit être fermé (ON) pour mettre le compas à indication déportée sous tension.

COMMANDES DU MOTEUR

19. **Manette des gaz** : Le bloc de la manette des gaz dispose d'une butée sur la position de la pression d'admission de décollage ; si le loquet à ressort est soulevé et la manette des gaz déplacée entièrement vers l'avant, une pression d'admission de 67 pouces [20] *[de mercure] (2,3 bars)* peut être obtenue pour le combat. La vis de serrage de la manette des gaz pour éviter qu'elle ne bouge par l'effet des vibrations est la plus petite des deux mini-poignées sur le bloc manettes. Un système de coupure de la régulation automatique de la pression d'admission est présent sur la plupart des avions du côté gauche du tableau de bord, mais cette commande a été désactivée.

---

[18] PARK BRAKE = Frein de parking.

[19] "R.I. COMPASS" = Compas à indication déportée : le compas est placé loin des sources d'interférence (par exemple dans une aile), et un instrument déporté permet la lecture depuis le poste de pilotage.

[20] Les Américains mesuraient la pression d'admission du moteur en pouces de mercure (abréviation ″, voir par exemple paragr. 50) ABSOLUS (y compris la pression atmosphérique au niveau de la mer). Les Britanniques la mesuraient en livres par pouce carré RELATIVES (après avoir soustrait la pression atmosphérique au niveau de la mer). Les conventions du document d'origine ont été respectées pour la conversion en bars.

20. **Commande de mélange** : Un carburateur à injection Bendix-Stromberg est installé. La position IDLE CUT-OFF [21] est employée pour démarrer et pour arrêter le moteur. Le levier doit être abaissé sur la position AUTO LEAN, ou RUN après que le moteur ait été mis en route. Bien que les positions AUTO RICH et FULL RICH soient marquées sur la commande de mélange de certains avions, elles ont été désactivées et il n'est pas possible de déplacer le levier au-delà de AUTO LEAN. La concentration du mélange est automatiquement régulée par la pression d'admission et la vitesse de rotation du moteur, et au-dessus de 46 pouces *[de mercure] (1,6 bars)* et 2.700 tr/min le mélange s'enrichit graduellement. La vis de serrage pour les leviers de mélange et d'hélice est la plus grande des deux mini-poignées sur le bloc manettes.

21. **Commande d'hélice** : Le levier du régulateur de vitesse constante pour l'hélice Hydromatic quadripale est déplacé vers l'avant pour obtenir des tr/min élevés, et tiré vers l'arrière pour avoir des tr/min réduits. Le régulateur fonctionne entre 3.000 et 1.800 tr/min.

22. **Compresseur** : Le changement de rapport du compresseur est actionné par un piston électropneumatique commandé par une capsule anéroïde. Quand le commutateur du poste de pilotage pour le compresseur est sur la position AUTO : [22]

    - Avec un moteur V-1650-3, le compresseur passe sur la vitesse HAUTE autour de 20.500 pieds *(6.250 m)* quand l'avion est en montée, et de nouveau à la vitesse BASSE à environ 19.500 pieds *(5.940 m)* quand l'avion est en descente ;
    - Avec un moteur V-1650-7, le compresseur passe sur la vitesse HAUTE autour de 11.800 pieds *(3.600 m)*. (NOTE : Sur certains avions sur lesquels un commutateur modifié est monté, la vitesse est changée à environ 5.000 pieds *(1.500 m)*).

Pour voler sur la vitesse BASSE au-dessus de cette altitude, le commutateur de changement de rapport du compresseur peut être mis sur la position LOW. Sur les avions récents le commutateur est à ressort et peut être tenu pour tester la vitesse HAUTE au sol. Il reviendra de lui-même sur la position de vitesse LOW lorsque relâché. Un voyant témoin de vitesse HAUTE est installé à la droite du commutateur de sélection qui doit s'allumer quand la vitesse HAUTE est engagée au sol ou en vol.

23. **Prise d'air du carburateur** : Sur la plupart des avions il y a deux prises d'air, dont une inclut un filtre. La commande pour la prise d'air est sur la console de gauche, et doit être vers l'avant en position RAM AIR[23] en

---

[21] AUTO LEAN : mélange pauvre automatique ; AUTO RICH : mélange riche automatique ; FULL RICH : plein riche ; IDLE CUT-OFF : étouffoir du ralenti (voir la Note de bas de page du Paragraphe 51), RUN : marche.

[22] AUTO : Fonctionnement automatique ; HIGH : vitesse haute ; LOW : Vitesse basse.

[23] Le terme anglais "ram" était traduit par "bourrage" dans les documents français de l'époque, probablement pour différencier l'effet de compression dynamique de l'air sur les prises d'air des carburateurs qui font face à l'avant de celui dû au travail du

permanence, sauf en fonctionnement au sol, au décollage et à l'atterrissage sur les terrains d'aviation sablonneux ou poussiéreux ou lors du vol dans des tempêtes de sable, quand il faut utiliser la position UNRAMMED FILTERED AIR. Sur quelques avions de début de production il n'y a pas de filtre à air mais une prise d'air chaud est une alternative disponible. Dans ce cas la commande doit être complètement en arrière pour les conditions NORMALES et est avancée sur des positions successives jusqu'à ICING. La commande doit être maintenue sur la position NORMAL à moins que des conditions givrantes ne se produisent.

24. **Démarrage du moteur** : Un démarreur électrique normal à prise directe est installé ; une manivelle et un prolongateur pour démarrer *[manuellement]* sont également rangés dans le puits de la roue de droite. La prise pour le prolongateur de manivelle se situe sous le capot moteur arrière inférieur du côté droit.

25. **Volets des radiateurs d'huile et de liquide de refroidissement** : Chaque radiateur dispose de son propre volet réglable d'obturation. Sur les premiers avions les deux volets sont à commande hydraulique, sur les avions récents ils sont électriques. Ils peuvent être commandés soit manuellement, soit automatiquement par leurs interrupteurs thermostatiques respectifs. Le thermostat du radiateur de liquide de refroidissement commence à ouvrir le volet à 90°C et à 110°C il est ouvert en grand. Le thermostat du radiateur d'huile commence à ouvrir le volet à 60°C et à 80°C il est ouvert en grand. Les commandes pour les volets des radiateurs sont deux commutateurs sur le fuselage gauche du poste de pilotage, chacun marqué AUTOMATIC - OPEN – CLOSE. [24] Les commutateurs pour les volets électriques ont une gâche de sécurité pour les maintenir sur la position AUTOMATIC. Sur les avions dont les volets sont manœuvrés hydrauliquement, la commande manuelle ne permet que de les avoir complètement ouverts ou complètement fermés. Sur les avions dont les volets sont manœuvrés électriquement, il y a une position neutre à mi-chemin entre les positions OPEN et CLOSE qui permet d'obtenir des réglages intermédiaires des volets en ramenant le commutateur en position neutre quand le réglage désiré est obtenu. Il n'y a cependant aucun indicateur de position des volets des radiateurs. En utilisant la commande manuelle, le volet électrique du radiateur du liquide de refroidissement prend 20-25 secondes, et celui du radiateur d'huile 10-15 secondes, pour passer de la position "complètement ouvert" à "complètement fermé", ou vice versa.

---

compresseur. Donc RAM AIR = Air bourré (comprendre "compressé dynamiquement") ; UNRAMMED FILTERED AIR = Air filtré non-bourré ("non-compressé") ; ICING = Conditions givrantes.

[24] AUTOMATIC : Fonctionnement automatique ; OPEN : Ouvert ; CLOSE : Fermé.

COMMANDES OPÉRATIONNELLES

26. **Tir des mitrailleuses** : Le commutateur principal pour les mitrailleuses de 0,5 pouces *(12,7 mm)* et la cinémitrailleuse est situé sur le panneau de gauche des interrupteurs, et doit être fermé (ON) pour faire fonctionner les mitrailleuses ou la cinémitrailleuse. S'il est placé sur la position GUNS AND CAMERA, la gâchette à l'avant du manche à balai mettra en route simultanément les mitrailleuses et la cinémitrailleuse. S'il est placé sur la position CAMERA, la gâchette mettra en route uniquement la cinémitrailleuse.

AVERTISSEMENT : Si une rafale continue entre 50 et 75 coups est tirée, des températures très élevées des canons sont atteintes et il est possible que les mitrailleuses continuent à tirer, que le commutateur principal soit ouvert (OFF) ou fermé (ON).

27. **Réchauffage des mitrailleuses** : Les mitrailleuses sont réchauffées électriquement. L'interrupteur du chauffage des mitrailleuses est près du commutateur principal des mitrailleuses. Quand le commutateur principal est fermé (ON), les chauffages des mitrailleuses fonctionnent automatiquement quand la température s'abaisse.

28. **Système de libération des bombes**
 (i) <u>Mustang III</u> : L'interrupteur de sécurité des bombes sur le panneau gauche des interrupteurs doit être fermé (ON) avant que les bombes puissent être libérées par le bouton électrique de bombardement sur le manche à balai. Quand la Modification n°536 est incorporée, l'interrupteur de sécurité est remplacé par deux interrupteurs pour choisir la bombe de l'une des ailes. La poignée de commande des bombes sur le panneau gauche des interrupteurs a trois positions LOCK, SEL. (selective) et SALVO. [25] Les bombes ne peuvent pas être libérées avec la poignée de commande sur LOCK.

 Pour libérer des bombes normalement :
 (a) Placez la poignée de commande sur SEL.
 (b) Réglez les interrupteurs d'armement comme désirés.
 (c) Placez l'interrupteur de sécurité sur READY (ou avec la mod. n°536 incorporée, placez les interrupteurs de sélection comme désirés).
 (d) Pressez le bouton de bombardement en haut du manche à balai. Ceci libérera les deux bombes d'aile simultanément. Si ce n'est pas le cas, elles peuvent être lâchées mécaniquement (après les avoir armées comme indiqué ci-dessus) en soulevant la garde de la poignée de commande de bombe et en la déplaçant complètement en avant sur SALVO. Si les interrupteurs d'armement sont conservés ouverts (OFF), le fait de déplacer la

---

[25] LOCK : Verrouillé ; SELECTIVE : Sélection ; SALVO : Largage en salve ; READY : Prêt ; BOTH : Les deux bombes ensemble ; LH : Gauche ; RH : Droite ; SAFE = Bombes non armées.

poignée sur SALVO libérera les bombes sans qu'elles soient armées.

> NOTE : Quand des réservoirs largables sont emportés à la place des bombes, ils peuvent être largués par l'une ou l'autre des deux méthodes décrites.

(ii) <u>Mustang IV</u> : Un interrupteur de sélection de sécurité sur le panneau gauche des interrupteurs dispose de trois positions : BOTH, SAFE, SELECTIVE.

Pour libérer des bombes normalement :

(a) Placez les interrupteurs d'armement des détonateurs de tête et de queue comme désirés.

(b) Placez l'interrupteur de sécurité comme désiré.

(c) Pressez le bouton de bombardement en haut du manche à balai. Si l'interrupteur de sécurité est sur BOTH, cela libérera les deux bombes d'aile. Si l'interrupteur de sécurité est sur SELECTIVE, ceci libérera la bombe de gauche, pressez à nouveau pour libérer celle de droite.

Si ceci ne fonctionne pas, les bombes peuvent être lâchées mécaniquement, soit indépendamment soit ensemble, en actionnant les poignées marquées BOMB SALVO LH et BOMB SALVO RH. Si les interrupteurs d'armement sont conservés ouverts (OFF), ceci libérera les bombes sans qu'elles soient armées.

> NOTE : Quand des réservoirs largables sont emportés à la place des bombes, ils peuvent être largués par l'une ou l'autre des deux méthodes décrites.

AUTRES ÉQUIPEMENTS

29. **Ventilation** : La commande d'aération COLD AIR [26] est sur le plancher à l'angle avant droit du siège du pilote, et dispose de quatre positions de réglage. Déplacez le levier vers la droite pour avoir plus d'air. Il faut faire attention de ne pas marcher sur le levier car il peut facilement être cassé.

30. **Chauffage** : De l'air chaud provenant du radiateur de liquide de refroidissement est admis dans le poste de pilotage par la commande HOT AIR du côté droit du siège du pilote. Il faut la tourner dans le sens des aiguilles d'une montre pour faire entrer plus d'air chaud.

31. **Dégivrage du pare-brise** : De l'air chaud provenant du radiateur du liquide de refroidissement est envoyé au pare-brise quand la commande de dégivrage (DEFROSTER), sur le plancher au coin avant gauche du siège du pilote, est tournée dans le sens des aiguilles d'une montre.

32. **Éclairage des instruments** : Deux lumières fluorescentes sont fournies, une de chaque côté du poste de pilotage. La commande pour la lumière à gauche est sur le panneau central des interrupteurs sur le

---

[26] COLD AIR : Air froid ; HOT AIR : Air chaud ; DEFROSTER : Dégivrage.

Mustang III ou sur le panneau des interrupteurs des radiateurs sur le Mustang IV, et pour la lumière droite sur le panneau droit des interrupteurs. Pour allumer, tournez le rhéostat à fond sur la position START jusqu'à ce que la lampe soit chaude ; ramenez-le ensuite sur la position permettant d'obtenir la luminosité désirée (le rhéostat peut être placé sur n'importe quelle position).

33. **Circuit d'oxygène** : Pour obtenir de l'oxygène, il est seulement nécessaire de brancher le masque à oxygène. Comme le fonctionnement du régulateur "à la demande" dépend de l'aspiration qu'on lui applique, il est essentiel que le masque d'oxygène soit bien ajusté. Pour l'opération normale, le bouton rouge de secours sur le régulateur "à la demande" (du côté droit vers l'avant du poste de pilotage) doit être sur OFF et la commande AUTOMIX [27] doit être sur ON ; puis lorsque le masque à oxygène a été connecté, le régulateur est mis en marche et réglé par la respiration de l'utilisateur, un mélange d'oxygène et d'air approprié à l'altitude étant délivré. Si la commande AUTOMIX est sur la position OFF, l'arrivée d'air est interrompue et seul de l'oxygène pur est livré au masque par le régulateur. Si l'on suspecte un manque d'oxygène, la commande AUTOMIX doit être mise sur OFF, mais ceci réduira la quantité d'oxygène disponible dans l'avion. La commande AUTOMIX doit être placée sur OFF aux altitudes supérieures à 30.000 pieds *(9.150 m)*, mais si une réserve adéquate d'oxygène est disponible, elle doit de préférence être mise sur OFF aux altitudes supérieures à 20.000 pieds *(6.100 m)*.

À cette dernière altitude la consommation d'oxygène est d'environ 25% plus grande avec la commande AUTOMIX arrêtée (OFF) qu'en marche (ON), soit environ 4 heures avec AUTOMIX arrêtée au-dessus de 20.000 pieds *(6.100 m)*. Ce pourcentage diminuera graduellement et sera nul à 30.000 pieds *(9.150 m)*, quand l'autonomie sera d'environ 3,5 heures. La commande de secours est fournie pour contourner le mécanisme de régulation, si celui-ci devient défectueux ; quand le bouton de secours est sur ON de l'oxygène pur sera livré à un débit élevé indépendamment de l'altitude ; ce haut débit réduira rapidement la quantité d'oxygène disponible, et donc la commande de secours doit seulement être utilisée si c'est absolument nécessaire et pendant un temps aussi court que possible. Un indicateur clignotant de débit sur le tableau de bord montre si le régulateur fonctionne correctement ; il est mis en marche par la respiration du pilote.

Un voyant d'alarme au coin inférieur droit du tableau de bord indique quand la pression d'oxygène est dangereusement basse (100 lb./sq.in. *(6,9 bars)*). La pression normale est de 365 lb./sq.in. *(25,2 bars)* et un manomètre est monté sur la gauche du voyant d'alarme.

---

[27] AUTOMIX : Mélange air - oxygène automatique.

IIème PARTIE
INSTRUCTIONS DE PILOTAGE

34. Utilisation du circuit de carburant

(i) <u>Premiers modèles d'avions sans réservoir du fuselage</u>

(a) <u>Démarrage et mise en température</u> : Placez le sélecteur de carburant sur MAIN TANKS et mettez la pompe de gavage gauche sur NORMAL, de sorte que le carburant soit soutiré en premier du réservoir principal gauche, auquel est relié le retour de vapeurs du carburateur.

(b) <u>Décollez</u> sur la position MAIN TANKS avec la pompe de gavage gauche sur la position EMERGENCY pour être sûr que la pression de carburant soit élevée.

(c) <u>En vol</u> : Volez pendant 15 minutes sur MAIN TANKS avec la pompe de gavage gauche sur la position NORMAL, puis, si des réservoirs largables sont emportés, changez sur DROP TANK LEFT (ou RIGHT). Soutirez du carburant alternativement des réservoirs largables pour maintenir l'équilibre latéral. Quand les deux réservoirs largables sont vides, basculez à nouveau sur MAIN TANKS et volez pendant au moins 15 minutes avec la pompe de gavage gauche sur la position NORMAL avant d'employer le réservoir de droite.

(ii) <u>Modèles d'avions récents avec réservoir du fuselage</u>

(a) <u>Démarrage et mise en température</u> : Ouvrez le robinet d'isolement du carburant. Placez le robinet de sélection du carburant sur MAIN TANK L.H. et le commutateur principal de la pompe de gavage sur NORMAL, de façon que le carburant soit soutiré en premier du réservoir principal gauche, auquel est relié le retour de vapeurs du carburateur.

(b) <u>Décollez</u> sur la position MAIN TANK L.H. avec la pompe de gavage gauche sur la position EMERGENCY pour être sûr que la pression de carburant soit élevée.

(c) <u>En vol</u> : Ramenez le commutateur de la pompe de gavage sur NORMAL et continuez à voler sur la position MAIN TANK L.H. pendant environ 15 minutes. Si vous n'emportez pas des réservoirs largables, basculez sur FUSELAGE TANK jusqu'à ce qu'il soit vide. Si vous emportez des réservoirs largables, volez sur FUSELAGE TANK pour consommer au moins 40 gallons Impériaux (48 gallons U.S. *(182 litres)*) pour améliorer l'équilibrage et la stabilité, puis passez sur l'un des réservoirs largables. Soutirez du carburant alternativement des réservoirs largables pour maintenir l'équilibre latéral jusqu'à ce que tous les deux soient vides.

Changez ensuite sur FUSELAGE TANK avec le commutateur de la pompe de gavage sur NORMAL. Quand ce réservoir est vide volez sur MAIN TANK L.H. pendant au moins 15 minutes avant de changer sur MAIN TANK R.H.

> NOTE : Avec les deux systèmes présentés ci-dessus, la quantité de carburant dans le réservoir principal gauche doit être vérifiée périodiquement pour s'assurer qu'il n'est pas trop rempli par la canalisation de retour des vapeurs. Une odeur de carburant dans le poste de pilotage peut être une indication que le réservoir principal gauche est trop plein.

   (d) <u>Atterrissage</u> : Utilisez l'un ou l'autre des réservoirs principaux avec le commutateur de la pompe de gavage sur EMERGENCY.

  (iii) <u>Largage des réservoirs de combat</u> : Les bidons supplémentaires doivent être largués uniquement en vol rectiligne et en palier.

35. **Préliminaires**

  (i) Fermez (ON) le coupe-circuit de batterie et vérifiez l'indicateur du train d'atterrissage.

  (ii) Vérifiez le bon fonctionnement des commandes de vol.

  (iii) Vérifiez que les volets hypersustentateurs sont relevés. Si des réservoirs largables sont emportés, vérifiez que la butée est placée en travers du quart de cercle des volets à la position 20°.

  (iv) Vérifiez ce qui suit :

```
Générateur            ..      ..      ..      ..      .. ON
Poignée de commande des bombes        ..      .. VERROUILLÉE
Tous les interrupteurs des bombes et mitrailleuses  OFF
Tous les disjoncteurs.  ..      ..      ..      .. Enfoncés
```

  (v) Assurez-vous que la commande de mélange est sur la position IDLE CUT-OFF et vérifiez ensuite le fonctionnement de chaque pompe de gavage :

   (a) <u>Sans réservoir du fuselage installé</u> :

Avec le robinet sélecteur de carburant sur MAIN TANKS, passez chaque pompe de gavage à tour de rôle de NORMAL à EMERGENCY, et relevez la pression de carburant.

   (b) <u>Avec réservoir du fuselage installé</u> :

Avec le robinet d'isolement du carburant ouvert (ON) et le commutateur principal de la pompe de gavage sur NORMAL, sélectionnez MAIN TANK L.H., MAIN TANK R.H., et FUSELAGE TANK et relevez la pression de carburant dans chaque position. Répétez l'opération avec le commutateur principal de la pompe de gavage sur EMERGENCY.

  (vi) Isolez la batterie (OFF) et faites brancher la batterie au sol de démarrage.

36. **Mise en route du moteur et montée en température**

Note : La commande de mélange doit être sur la position IDLE CUT-OFF pendant tout le temps durant lequel la pompe de gavage est en marche sans que le moteur ne tourne afin d'éviter tout risque d'incendie.

(i) Placez le robinet sélecteur du carburant sur MAIN TANKS (ou MAIN TANK L.H.), et ouvrez (ON) le robinet d'isolement du carburant (si présent).

(ii) Positionnez les commandes du moteur comme suit :

Manette des gaz	1 pouce *(2,5 cm)* ouverte
Mélange	IDLE CUT-OFF
Hélice	Commande de vitesse complètement vers l'avant
Volet du radiateur de liquide de refroidissement	AUTOMATIC
Volet du radiateur d'huile	AUTOMATIC
Prise d'air du carburateur	RAM AIR (*se reporter* au paragr. 23)
Compresseur	AUTO
Allumage	OFF

(iii) Faites brasser le moteur à la main sur au moins deux tours complets de l'hélice.

(iv) Passez la pompe de gavage principale ou gauche sur NORMAL : le manomètre du circuit de carburant doit afficher 10-12 lb./sq.in. *(0,69 - 0,83 bars)*.

(v) Amorcez le moteur avec 3-4 coups *[de la pompe d'amorçage]* si le moteur est froid, 1-2 coups si le moteur est chaud, juste avant le démarrage.

(vi) Alimentez les magnétos et appuyez sur l'interrupteur du démarreur. Les périodes de rotation ne doivent pas excéder 20 secondes avec une attente de 30 secondes entre chaque. Un amorçage additionnel devra être fait dès que le moteur commence 'à tousser' et doit être continué jusqu'à ce qu'il fonctionne.

(vii) Quand le moteur tourne régulièrement, déplacez la commande de mélange à la position de croisière et arrêtez l'amorçage. Si le moteur montre des signes de noyage, revenez sur IDLE CUT-OFF jusqu'à ce qu'il fonctionne sans à-coup.

(viii) Si le moteur ne démarre pas :

    (a) Cessez d'amorcer et déplacez la commande de mélange sur IDLE CUT-OFF.

    (b) Attendez l'arrêt de l'hélice, puis coupez (OFF) les magnétos.

    (c) Si le moteur a été noyé, ouvrez la manette des gaz et demandez à ce que l'hélice soit brassée *[à la main]* sur plusieurs tours.

(ix) Quand le moteur tourne de façon satisfaisante, rangez la pompe d'amorçage (poussez et tournez pour verrouiller).

(x) Ouvrez la manette des gaz et laissez le moteur monter en température à 1.200 tr/min.

(xi) Fermez (ON) le coupe-circuit principal de batterie et faites déconnecter la batterie au sol.

37. **Vérification du moteur et des systèmes**

Pendant la montée en température du moteur :

(i) Si des réservoirs largables sont emportés, vérifiez le bon fonctionnement de tous les réservoirs en tournant le robinet de carburant sur chacun alternativement.

(ii) Vérifiez les températures et les pressions, et assurez-vous que le circuit hydraulique fonctionne correctement en remontant et en abaissant les volets hypersustentateurs. La pression hydraulique doit être de 1.000 lb./sq.in. *(69 bars)*.

Après la montée en température à 15° C (huile) et à 60°C (liquide de refroidissement) :

Note : Les essais complets suivants doivent être effectués après une réparation, une révision (autre que l'entretien quotidien), ou à la discrétion du pilote, et avec l'empennage attaché au sol. Normalement ils peuvent être réduits par des instructions locales.

(iii) Testez chaque magnéto comme contrôle de précaution.

(iv) Ouvrez la manette des gaz jusqu'à 2.300 tr/min et vérifiez le bon fonctionnement *[du régulateur]* de l'hélice à vitesse constante. Les tr/min doivent tomber à 1.800 avec le levier complètement en arrière. Ramenez le levier de commande de vitesse complètement vers l'avant.

(v) Ouvrez la manette des gaz jusqu'à la butée marquant la puissance de décollage et vérifiez la pression d'admission de décollage (61 pouces *[de mercure] (2,1 bars)*) et les tr/min (3.000). (L'empennage doit être attaché au sol).

(vi) Ramenez la manette des gaz à 2.300 tr/min et vérifiez chaque magnéto à tour de rôle ; la baisse ne doit pas excéder 100 tr/min.

(vii) Vérifiez que le générateur charge *[la batterie]*.

38. **Roulage au sol**

(i) Vérifiez le bon fonctionnement des freins en commençant à rouler.

(ii) Lors de virages serrés, le manche à balai doit être tenu en avant de la position neutre pour permettre à la roulette de queue de pivoter.

39. **Checklist pour le décollage** [28]

Verrière coulissante, si installée	Ouverte
T = Trimming Tabs = Commandes des surfaces de compensation	Profondeur : Sans utiliser les volets hypersustentateurs : (a) Sans réservoir du fuselage rempli, 5° en arrière. (b) Avec réservoir du fuselage rempli, zéro Si on utilise 20° de volets, compensez de 3° de plus vers une tendance à cabrer que les réglages ci-dessus sans les volets. Direction : 5° à droite. Ailerons : Neutre .
P = Propeller = Hélice	Commande de vitesse complétement vers l'avant.
F = Fuel = Carburant	Vérifiez les quantités dans chaque réservoir. Robinet de carburant sur MAIN TANKS ou MAIN TANK L.H. Commutateur de la pompe de gavage principale ou gauche sur EMERGENCY.
F = Flaps = Volets hypersustentateurs	UP, ou 20° vers le bas pour une course au sol plus courte.
Compresseur	AUTO (Voyant témoin de la vitesse haute éteint).
Prise d'air du carburateur	RAM AIR (*se reporter* au paragraphe 23).
Volet du radiateur de liquide de refroidissement	AUTOMATIC
Volet du radiateur d'huile	AUTOMATIC
Compas à indication déportée (si installé)	ON

40. **Décollage**

(i) Roulez en avant sur quelques mètres avec le manche à balai en arrière pour être sûr que la roulette de queue est verrouillée avant d'ouvrir les gaz. Gardez le manche en arrière pour conserver la roulette de queue verrouillée, et n'essayez pas de soulever l'empennage pendant la première partie de la course. Ceci aidera à

---

[28] Les points essentiels des check-lists étaient présentés sous la forme de raccourcis mnémotechniques que les pilotes devaient apprendre par cœur et qui variaient peu d'un avion à l'autre : ici TPFF, pour le Halifax II ou V: TPFF, pour le Dakota I, III & IV: TMPFF.

éliminer toute tendance à se déporter *[sous l'effet du couple du moteur]*.

(ii) Ouvrez la manette des gaz doucement jusqu'à la position de décollage si une pression d'admission de 61 pouces *[de mercure] (2,1 bars)* est requise ; une pression d'admission de 46 pouces *[de mercure] (1,6 bars)* est suffisante pour un décollage normal.

(iii) L'avion présente de larges angles morts pour la vision vers l'avant pendant la première partie de la course de décollage.

(iv) L'avion décollera mieux dans une attitude cabrée (empennage vers le bas).

(v) Il y a une tendance à virer vers la gauche qui peut être facilement contrée par l'emploi du gouvernail de direction.

(vi) Sur le Mustang III lorsque que le réservoir du fuselage est installé et est rempli, il y a un certain tangage quand l'avion quitte le sol en raison de l'inversion des efforts sur le manche à balai. Sur le Mustang IV la tendance à tanguer après le décollage est moins prononcée.

(vii) Ne commencez pas à monter tant qu'une vitesse de 150 m.p.h. [29] *(241 km/h)* au badin n'a pas été atteinte.

(viii) Quand les gros réservoirs largables de convoyage sont emportés le flux d'air peut causer le blocage des systèmes de verrouillage en position basse du train d'atterrissage et empêcher le train d'atterrissage d'être rétracté. Pour libérer les systèmes de verrouillage en position basse, faites faire des embardées à l'avion d'un côté à l'autre.

(ix) S'ils ont été utilisés, remontez les volets hypersustentateurs à une altitude de 500 pieds *(150 m)*. La remontée des volets hypersustentateurs cause un changement d'assiette avec un couple cabreur.

(x) Passez la pompe de gavage principale ou gauche sur NORMAL.

41. **Montée :** La vitesse pour le taux maximal de montée est approximativement 160 m.p.h. *(257 km/h)* au badin jusqu'à 30.000 pieds *(9.140 m)*.

42. **Pilotage général**

(i) Stabilité
Sauf quand le réservoir du fuselage est installé et plein, l'avion est stable longitudinalement, latéralement, et en direction. Quand le réservoir du fuselage est plein, les Mustang III et les Mustang IV sont instables longitudinalement quelle que soit la phase du vol. Le Mustang IV est toutefois plus plaisant à piloter que le Mustang III à

---

[29] Unité de vitesse britannique : "milles terrestres par heure", laissée ici sous l'abréviation anglaise comme dans les documents traduits à l'époque en français. La valeur convertie km/h a été ajoutée lors de la traduction.

la même charge ; le Mustang III a une forte tendance à serrer les virages. Cette tendance est moins présente sur le Mustang IV.

L'emport de bombes ou de réservoirs largables sous les ailes avec le réservoir du fuselage plein de carburant réduit cette instabilité ; par conséquent s'il s'avère nécessaire de larguer les charges d'aile alors qu'il y a encore du carburant dans le réservoir du fuselage, le pilote doit s'attendre à un changement soudain d'assiette et à une augmentation de l'instabilité.

(ii) <u>Changement d'assiette</u> :   <u>Tendance</u>
Train d'atterrissage abaissé   ..   ..   .. À piquer
Volets hypersustentateurs abaissé   ..   .. À piquer
Volet du radiateur de
     liquide de refroidissement ouvert   ..   .. À piquer

La compensation en lacet varie en fonction de la vitesse et de la puissance.

(iii) Les commandes des compensateurs de profondeur et de direction sont sensibles et doivent être manœuvrées avec précaution.

(iv) <u>Vol à faible altitude par temps de pluie ou de mauvaise visibilité</u> : Abaissez les volets hypersustentateurs de 20°, ramenez la vitesse à 150 m.p.h. *(241 km/h)* au badin, et augmentez la vitesse de rotation du moteur jusqu'à 2.700 tr/min. Vérifiez fréquemment les températures du liquide de refroidissement et d'huile.

43. **Perte de vitesse - décrochage**

(i) Les vitesses de décrochage (au badin), sans utiliser la puissance du moteur, sont les suivantes, en m.p.h. *(km/h)* :

	Mustang III	Mustang IV
Volets hypersustentateurs et train d'atterrissage rétractés	90 *(145)*	105 *(169)*
Volets hypersustentateurs abaissés de 20°, et train d'atterrissage abaissé	85 *(137)*	-
Volets hypersustentateurs et train d'atterrissage abaissés	75 *(121)*	96 *(154)*

(ii) (a) <u>Mustang III</u> :
Quand le réservoir du fuselage est vide, une légère vibration se produit au niveau de l'empennage environ 3 à 4 m.p.h. *(4,8 à 6,4 km/h)* au-dessus de la vitesse de décrochage à laquelle l'aile droite s'abaisse doucement. Avec le réservoir du fuselage plein ou à moitié plein, il n'y a aucune vibration pour avertir de l'approche du décrochage, mais une série d'inversions du manche à balai se produisent juste au-dessus de la vitesse de décrochage ; à la vitesse de décrochage l'aile droite s'abaisse brusquement, et à moins de prendre immédiatement une mesure de rétablissement une vrille peut se développer. Le manche à balai doit être poussé fermement vers l'avant pour le rétablissement.

(b) <u>Mustang IV</u> :
Avec les volets hypersustentateurs et le train d'atterrissage rétractés, et le réservoir du fuselage plein l'aile droite a tendance à s'enfoncer à environ 10 m.p.h. *(16 km/h)* au-dessus de la vitesse de décrochage, mais elle peut être tenue avec les ailerons ; à 3 à 4 m.p.h. *(4,8 à 6,4 km/h)* au-dessus de la vitesse de décrochage des vibrations de l'empennage apparaissent. Au décrochage l'une des ailes (généralement celle de droite) s'abaisse brusquement, et une inversion du manche à balai se produit. Le rétablissement est immédiat quand le manche à balai est poussé en avant.

(iii) L'avion s'enfonce rapidement lorsque la vitesse de décrochage approche.

(iv) Si le manche à balai est tenu en arrière lors du décrochage, une aile s'abaissera très rapidement et l'avion passera sur le dos.

(v) <u>Décrochage à grande vitesse</u> : Si l'avion est décroché dans un virage serré, l'une des ailes s'abaissera très rapidement. Le décrochage est précédé par des secousses prononcées. Le rétablissement est immédiat si la pression sur le manche à balai est relâchée.

44. **Vrille**

(i) La mise en vrille n'est pas autorisée quand des réservoirs largables sont emportés ou qu'il y a du carburant dans le réservoir du fuselage.

(ii) Les vrilles d'entrainement ne doivent pas être débutées en-dessous de 12.000 pieds *(3.650 m)*, et la manette des gaz doit être ramenée en arrière pour réduire la puissance du moteur avant d'entamer la vrille. L'action de rétablissement doit commencer avant deux tours au maximum. [30]

(iii) Le nez de l'avion s'abaisse fortement lors de l'entrée en vrille. La vrille tend à être extrêmement inégale (particulièrement les vrilles vers la droite), ralentissant presque à un arrêt avec le nez au niveau ou au-dessus de l'horizon, et accélérant lorsque que le nez s'abaisse à chaque tour. À moins que le palonnier soit appliqué à fond dans la direction de la vrille au démarrage de la vrille l'avion tend à récupérer sans assistance du pilote. Si une action de rétablissement normale est prise après que deux tours aient été accomplis, l'avion récupère immédiatement. Si l'action de rétablissement est retardée jusqu'à ce que quatre tours aient été accomplis le taux de rotation augmente au début sur environ 1 à 1½ tours, et l'avion se rétablit ensuite.

(iv) Des vrilles à plat rapides vers la gauche ont été produites par la mise en vrille avec le moteur en marche ; la puissance moteur doit être réduite immédiatement, la vrille redevenant ensuite au type normal. Si, cependant, la vrille reste plate une fois la puissance moteur

---

[30] Les techniques de sortie de vrille sont décrites en détail dans l'Air Publication 129 *"RAF Flying Training"*, chapitre III *"General Principles of Flying"*, paragraphes 191 à 209 (impression de décembre 1939).

réduite et la mesure normale de rétablissement prise, l'avion doit être lentement basculé en avant et en arrière en bougeant le manche à balai à fond, en remettant de la puissance au moteur quand le manche est poussé en avant et en réduisant la puissance lorsqu'il est tiré en arrière.

(v) Il faut atteindre une vitesse d'au moins de 180 m.p.h. *(290 km/h)* au badin avant d'entamer la ressource du piqué de sortie de vrille.

(vi) La perte moyenne d'altitude en deux tours (vers la gauche ou la droite) et lors du rétablissement, est environ 3.000 - 3.500 pieds *(915 - 1.070 m)*.

45. **Piqué**

(i) L'avion est très stable en piqué. Sauf lors de l'emport de carburant dans le réservoir du fuselage, il prend un couple légèrement cabreur, et tend à partir en lacet vers la droite. Cette tendance augmente avec l'accroissement de la vitesse et doit être contrecarrée au moyen du compensateur de direction. Cette surface de compensation est puissante et sensible et doit être employée avec prudence.

(ii) Avec le réservoir du fuselage à moitié plein, le Mustang III subit un couple piqueur de plus en plus marqué au fur et à mesure de l'augmentation de la vitesse. Il faut prendre soin de ne pas imposer des efforts excessifs par un rétablissement trop rapide après le piqué, qui pourraient soumettre l'avion à des contraintes excessives. Sur le Mustang IV avec le réservoir du fuselage à moitié plein, l'avion adopte peu à peu un couple légèrement cabreur au fur et à mesure de l'augmentation de la vitesse et le rétablissement est facile.

(iii) Quand des bombes de 1.000 livres *(454 kg)* sont emportées sous les ailes, elles doivent, si possible, être libérées avant la ressource qui suit le piqué ; mais si elles doivent être libérées pendant la ressource, le rétablissement ne doit pas être fait de façon brusque.

(iv) Les limites de vitesse exposées au paragraphe 53 doivent être scrupuleusement respectées. Si ces vitesses sont excédées, un marsouinage est perceptible ; et s'il se produit les actions suivantes doivent être prises :
(a) Réduisez les gaz dès que le marsouinage est détecté. Ceci empêchera la vitesse de s'accroître encore.
(b) Tenez le manche à balai aussi immobile que possible. N'essayez pas de contrôler ou d'anticiper le marsouinage car ceci le rendra encore pire.
(c) N'essayez pas de sortir du piqué tant que le marsouinage n'est pas stoppé.
(d) Tenez l'avion en ligne droite avec le palonnier et ne tentez pas de ralentir l'avion en effectuant des lacets.
(e) Il faut effectuer la ressource après le piqué avec précaution, et les compensateurs de profondeur ne doivent normalement pas être utilisés pour aider à cette ressource.

46. **Voltige**

   (i) Les manœuvres déclenchées ne sont pas autorisées. Lors de l'emport de bombes ou de réservoirs largables, ou avec du carburant dans le réservoir du fuselage, les acrobaties aériennes sont interdites.

  (ii) Surveillez soigneusement la pression d'huile pendant les acrobaties aériennes, et évitez toute baisse autre que momentanée.

(iii) Il est facile d'exécuter toutes les figures de voltige normales, mais une grande altitude peut être perdue avec certaines manœuvres et on doit prévoir une marge suffisante pour le rétablissement. Les tonneaux ne doivent pas être exécutés en-dessous de 10.000 pieds *(3.000 m)*.

Les vitesses au badin suivantes sont recommandées :

Tonneaux	.. 220-250 m.p.h.	*(354-402 km/h)*
Boucle	300 m.p.h.	*(483 km/h)*
Immelmann	350 m.p.h.	*(563 km/h)*
Tonneau montant ..	375 m.p.h.	*(604 km/h)*
Tonneau vertical ..	400 m.p.h.	*(644 km/h)*

47. **Check-list pour l'atterrissage**

Volet du radiateur de liquide de refroidissement	AUTOMATIC
Volet du radiateur d'huile	AUTOMATIC
Prise d'air du carburateur	RAM AIR (*se reporter* au paragraphe 23).

Abaissez les volets de 20° et réduisez la vitesse à 170 m.p.h. *(274 km/h)* au badin.

Ouvrez la verrière coulissante, si installée.

U = Undercarriage = Train d'atterrissage	DOWN. Vérifiez l'indicateur.
P = Propeller = Hélice	Commande de vitesse complétement vers l'avant.
F = Flaps = Volets hypersustentateurs	Complètement abaissés (sauf si des bidons largables de convoyage sont emportés, auquel cas on ne peut les déployer que de 20°).
F = Fuel = Carburant	Sur MAIN TANKS. Pompe de gavage souhaitée sur EMERGENCY.

Note : Si des réservoirs largables de convoyage sont emportés il peut être nécessaire de faire faire des lacets à l'avion d'un côté à l'autre pour engager les systèmes de verrouillage en position basse.

48. **Atterrissage**

(i) <u>Vitesses d'approche au badin</u> : m.p.h. *(km/h)*

(a) <u>Mustang III</u> :

Approche	Volets hypersustentateurs		
	entièrement abaissés	rétractés	Abaissés de 20° *
Au moteur	105 *(169)*	120 *(193)*	120 *(193)*
En vol plané	120 *(193)*	130 *(209)*	130 *(209)*

(b) <u>Mustang IV</u> :

Approche	Volets hypersustentateurs		
	entièrement abaissés	rétractés	Abaissés de 20° *
Au moteur	115 *(185)*	130 *(209)*	130 *(209)*
En vol plané	130-135 *(209-217)*	140 *(225)*	140 *(225)*

* Avec des réservoirs largables de convoyage

(ii) Lors de l'approche en vol plané ou d'un atterrissage sans volets hypersustentateurs, un flottement considérable se produira après avoir arrondi. Pour atterrir avec des réservoirs de combat largables pleins les vitesses ci-dessus doivent être augmentées de 10 m.p.h. *(16 km/h)*. Au cas où il est nécessaire d'atterrir avec un réservoir largable toujours accroché, n'abaissez pas les volets hypersustentateurs de plus de 20°, et atterrissez en gardant l'empennage haut.

(iii) S'il est nécessaire d'atterrir avec le réservoir du fuselage plein, il ne faut pas laisser la vitesse tomber en-dessous de 140 m.p.h. *(225 km/h)* au badin dans le virage d'approche, qui ne doit pas trop serré. Les vitesses normales d'approche citées ci-dessus sont satisfaisantes. Pendant le palier de décélération *[avant le touché des roues]*, le manche à balai doit être poussé en avant en raison de l'inversion des efforts sur le manche à balai.

49. **Atterrissage manqué**

(i) Poussez la manette des gaz sur la position de pression d'admission de montée (avec un réservoir du fuselage plein sur la position de pression d'admission de décollage) et ajustez les compensateurs comme nécessaire.

(ii) Rétractez immédiatement le train d'atterrissage.

(iii) Montez à environ 140 m.p.h. *(225 km/h)* au badin avec les volets hypersustentateurs complètement abaissés. Surveillez les températures de l'huile et du liquide de refroidissement.

(iv) Remontez les volets hypersustentateurs à 20° à une altitude de sécurité d'environ 300 pieds *(100 m)* et ajustez les compensateurs de profondeur avec une tendance à piquer.

50. **Approche radioguidée** [31]

	Début de présentation	Passage sur la radiobalise		
		rapprochée sur Q.D.R.	éloignée sur Q.D.M.	rapprochée sur Q.D.M.
Altitude lue pieds *(m)*	1.500 *(460)*	1.000 *(305)*	600-700 *(183-215)*	150 *(45)*
Manœuvres	Abaissez les volets à 20°	Abaissez le train	Abaissez les volets complètement	Ramenez lentement la manette des gaz en arrière
Changements d'assiette	Tendance à piquer	Tendance à piquer	Tendance à piquer	-
Vitesse au badin m.p.h. *(km/h)*	170 *(274)*	150 *(241)*	120 *(193)*	105 *(169)*
Régime moteur tr/min	2.400	2.700	2.700	2.700
Pression d'admission : Vol en palier En descente (-500 pieds *(-152 m)*/min) Pouces de mercure *(bars)*	28" *(0,95)* 24" *(0,81)*	29" *(0,98)* 25" *(0,85)*	34" *(1,15)* 30" *(1,02)*	30" *(1,02)* -
Pression d'admission (atterrissage manqué)	-	-		46" *(1,56)*

Remarques :	ATTERRISSAGE MANQUÉ RÉCLAMANT UNE REMISE DES GAZ
Erreur d'altimètre - Au décollage : moins 50 pieds *(-15 m)* - À l'atterrissage : moins 80 pieds *(-24 m)* - Volets à 20° : moins 80 pieds *(-24 m)* Avant l'approche préliminaire ajustez l'altimètre pour la QFE et pour l'erreur à l'atterrissage comme indiqué ci-dessous : Ajoutez 2,7 millibars à la QFE pour obtenir une indication nulle au touché des roues.	Ouvrez les gaz à 46" *(1,56 bars)* et relevez le train d'atterrissage immédiatement Montez à 140 m.p.h. *(225 km/h)* au badin Relevez les volets hypersustentateurs à 20° à 300 pieds *(90 m)* et rééquilibrez.

---

[31] Les codes 'Q' sont des abréviations standardisées permettant des échanges efficaces en morse. Ces codes ont été initialement approuvés internationalement en 1912 et se sont enrichis au fil des ans. Pour ne détailler que quelques cas :

Code	Question
Q.D.M.	Quel est le cap magnétique à suivre pour me diriger vers vous par vent nul ?
Q.D.R.	Quel est le relèvement magnétique de l'avion pour votre station ? (QDR = QDM-180°)
Q.F.E.	Quelle est la pression atmosphérique au sol ?

51. **Après l'atterrissage**

(i) Relevez les volets hypersustentateurs avant de rouler au sol. Arrêtez les pompes de gavage.

(ii) Lors de virages serrés, tenez le manche à balai complètement en avant pour libérer le verrouillage de la roulette de queue.

(iii) Une fois arrivé à l'aire de stationnement, abaissez complètement les volets hypersustentateurs (sauf si des bidons de convoyage largables sont présents) pour éviter que des personnes ne marchent dessus.

(iv) <u>Arrêt du moteur</u> :
(a) À 1.500 tr/min placez la commande de mélange sur IDLE CUT-OFF [32] et ouvrez la manette des gaz.
(b) Quand le moteur s'arrête, coupez l'alimentation des magnétos et fermez l'arrivée de carburant.
(c) Ouvrez (OFF) tous les interrupteurs électriques.

(v) Laissez les freins ouverts si les tambours sont chauds à quelque degré que ce soit.

(vi) <u>Dilution d'huile</u> : La période de dilution d'huile est de 2 minutes. Voir l'A.P. 2095.

---

[32] L'étouffoir du ralenti permet de couper l'arrivée de carburant du gicleur de ralenti dans le carburateur pour arrêter le moteur : arrêter l'allumage ne suffirait pas puisque le mélange continuerait à être mis à feu lors de la compression par la température élevée des cylindres. Cette commande ferme donc l'orifice du gicleur qui alimente le moteur en carburant pour le régime de marche au ralenti même quand la manette des gaz est fermée.

IIIème **PARTIE**
CARACTÉRISTIQUES D'UTILISATION

52. **Caractéristiques du moteur :**
Packard Merlin V-1650-3 et V-1650-7

(i) <u>Carburant</u> : essence à indice d'octane 100.

(ii) <u>Huile</u> : Voir l'A.P. 1464/C.37.

(iii) Les principales limites de fonctionnement du moteur sont les suivantes : [33]

	tr/min	Pression d'admission en pouces de mercure *(bars)*	Température °C			
			Liquide de refroidissement		Huile	
			Max.	Souhaitable	Max.	Souhaitable
MAX. pour DÉCOLLAGE Jusqu'à 1.000 pieds *(300 m)* M	3.000	61 *(2,1)*				
MAX. MONTÉE et PALIER M CONTINU S	2.700	46 *(1,6)*	121	90-100	90	70-80
COMBAT M 5 MIN. SEULEMENT S	3.000	67* *(2,3)*	121		90	

* Une pression d'admission de 61 pouces *[de mercure] (2,1 bars)* peut être employée pendant 15 minutes.

PRESSION D'HUILE :
    MAXIMALE .. .. .. 90 lb./sq.in. *(6,2 bars)*
    NORMALE .. .. .. 70-80 lb./sq.in. *(4,8-5,5 bars)*
    MINIMUM POUR CROISIÈRE .. 60 lb./sq.in. *(4,1 bars)*
    MINIMUM POUR LE RALENTI .. 15 lb./sq.in. *(1,0 bar)*

TEMPÉRATURE MINIMALE POUR LE DÉCOLLAGE:
    HUILE .. .. 15°C
    LIQUIDE DE REFROIDISSEMENT .. 60°C

(iv) <u>Pression du carburant</u> :
    Normale.. .. .. .. 12-16 lb./sq.in. *(0,82-1,1 bars)*
    Min. pour la marche en ralenti .. 9 lb./sq.in. *(0,62 bars)*

---

[33] Les lettres M et S dans le tableau correspondent aux rapports du compresseur : Rapport S (ou FS) = Vitesse Haute (Full Speed - HIGH gear). Rapport M (ou MS, ou MOD) = Vitesse basse (Moderate Speed - LOW gear).

53. **Limites de pilotage**

(i) <u>Vitesses maximales au badin, en m.p.h. *(km/h)*</u> :

  (a) <u>Piqué</u> :

Pour prendre en compte les phénomènes de compressibilité aux hautes altitudes, les limites de vitesse suivantes s'appliquent à l'avion lisse sans charges externes :

	Mustang III	Mustang IV
Niveau de la mer à 10.000 pieds *(3.050 m)*	505 *(813)*	505 *(813)*
10.000 à 20.000 pieds *(3.050 à 6.100 m)*	420 *(676)*	400 *(644)*
20.000 à 25.000 pieds *(6.100 à 7.620 m)*	380 *(612)*	360 *(579)*
25.000 à 30.000 pieds *(7.620 à 9.150 m)*	340 *(547)*	325 *(523)*
30.000 à 35.000 pieds *(9.150 à 10.670 m)*	305 *(491)*	290 *(467)*

Ces vitesses correspondent à un nombre de Mach de 0,75.

Ces limites s'appliquent aussi lorsque des bidons ou des bombes sont emportés sous les ailes ; de plus, les vitesses suivantes ne doivent pas être excédées quelle que soit l'altitude, en m.p.h. *(km/h)* :

Sans bombes ou réservoirs largables	505 *(813)*
Avec bombes de 500 livres *(227 kg)* ou réservoirs largables de combat	450 *(724)*
Avec bombes 1.000 livres *(454 kg)* ou générateurs d'écran de fumée	400 *(644)*
Avec les réservoirs largables de convoyage	210 *(338)*

  (b) <u>Avec les volets hypersustentateurs abaissés de 10°</u> .. 400 (644)
              "   "   "   "   abaissés de 20° .. 275 *(443)*
              "   "   "   "   complètement abaissés .. 165 *(265)*
  (c) <u>Train d'atterrissage abaissé</u> 170 (274)
  (d) Les bidons *[sous les ailes]* générateurs d'écran de fumée ne doivent pas être utilisés au-dessus de 350 m.p.h. *(563 km/h)* au badin, et ne doivent pas être largués aux vitesses supérieures à 300 m.p.h. *(483 km/h)* au badin.

(ii) <u>Angles de sécurité pour le largage des bombes</u> :

    Piqué .. .. 90°
    Montée .. .. 30°
    Incliné .. .. 5°

(iii) <u>Masses maximales</u> :

Décollage de pistes en dur ou de bons terrains d'aviation engazonnés	11.250 livres *(5.103 kg)*
Tous régimes de vol	9.300 livres *(4.218 kg)*

Cette masse de 9.300 livres *(4.218 kg)* inclut toutes les mitrailleuses avec leurs pleins de munitions et les réservoirs internes des ailes remplis.

(iv) Les acrobaties aériennes et la vrille sont autorisées, sauf lorsque des bombes ou des bidons sont emportés sous les ailes ou lorsque du carburant est présent dans le réservoir auxiliaire du fuselage. Se reporter aux paragraphes 44, 46.

(v) Les tonneaux de n'importe quel type doivent seulement être réalisés au-dessus de 10.000 pieds *(3.050 m)*.

(vi) Quand des bombes ou des bidons externes ou le réservoir auxiliaire du fuselage sont emportés, les acrobaties aériennes et la vrille ne sont pas autorisées. Les manœuvres de combat doivent être évitées autant que possible et il faut faire attention lors des ressources après les piqués et lors des virages à vitesses élevées pour éviter d'imposer des contraintes excessives.

(vii) Quand le réservoir du fuselage est rempli, le vol doit être limité au vol en palier et en ligne droite et aucune manœuvre, autre que des virages très doux, ne doit être tentée au moins jusqu'à ce que 40 gallons Impériaux (48 gallons U.S. *(182 litres)*) *[de ce réservoir]* aient été consommés.

(viii) Le décollage de nuit ne doit pas être tenté avec plus de 30 gallons Impériaux (36 gallons U.S. *(136 litres)*) de carburant dans le réservoir du fuselage arrière et le vol sans visibilité doit être évité.

(ix) Lorsque des bombes de 1.000 livres *(454 kg)* sont emportées, il ne faut en aucun cas les libérer séparément.

54. **Corrections d'erreur de position**

Les corrections d'erreur de position sont les suivantes :

(i) <u>Mustang III:</u>

De	120	150	190	240	300	350	miles à l'heure
à	150	190	240	300	350	400	au badin
Ajoutez	6	3	0	-	-	-	m.p.h.
Soustrayez	-	-		3	6	9	m.p.h.

Tableau ci-dessus converti en unités métriques:

De	193	241	306	386	483	563	*km/h au badin*
à	*241*	*306*	*386*	*483*	*563*	*644*	
Ajoutez	*9,7*	*4,8*	*0*	*-*	*-*	*-*	*km/h*
Soustrayez	*-*	*-*		*4,8*	*9,7*	*14,5*	*km/h*

(ii) <u>Mustang IV:</u>

De	180	360	miles à l'heure		*290*	*579*	*km/h au*
à	360	390	au badin		*579*	*628*	*badin*
Ajoutez	2	3	m.p.h.		*3,2*	*4,8*	*km/h*

55. **Performance maximale**

(i) <u>Les vitesses au badin pour le taux maximum de montée sont:</u>
160 m.p.h. *(257 km/h)* du niveau de la mer à 30.000 pieds *(9.150 m)*.
155 m.p.h. *(310 km/h)* de 30.000 à 35.000 pieds *(9.150 à 10.670 m)*.
150 m.p.h. *(241 km/h)* de 35.000 à 40.000 pieds *(10.670 à 12.200 m)*.
145 m.p.h. *(233 km/h)* au-dessus de 40.000 pieds *(12.200 m)*.

(ii) Combat

Placez le commutateur de changement de rapport du compresseur sur AUTO, les tr/min à 3.000, et la manette des gaz complètement en avant.

56. Distance franchissable maximale

(i) La vitesse recommandée est estimée être 185 m.p.h. *(298 km/h)* au badin.

(ii) Pour obtenir n'importe quelle vitesse au badin désirée, volez à 1.800 tr/min avec le commutateur du compresseur sur la position LOW et obtenez la vitesse au badin en ajustant la pression d'admission, mais n'excédez pas 46 pouces *[de mercure] (1,6 bars)*. Si la vitesse désirée ne peut pas être obtenue à 46 pouces *[de mercure] (1,6 bars)* ou avec la manette des gaz ouverte en grand, augmentez les tr/min suivant les besoins jusqu'à 2.700. Aux altitudes élevées, si la vitesse au badin ne peut pas être obtenue à 2.700 tr/min, placez le commutateur du compresseur sur la position AUTO.

En volant à de bas tr/min il sera probablement nécessaire de dégommer le moteur toutes les 15 minutes en augmentant la vitesse de rotation du moteur à 2.700 tr/min pendant deux ou trois minutes.

57. Capacité et consommations de carburant

(i) Consommations sur mélange riche :

| Pression d'admission | | | Gallons par heure | | Litres |
Pouces de mercure	*Bars*	Tr/min	Impériaux	U.S.	*par heure*
67	*2,27*	3.000	137	165	*623*
61	*2,07*	3.000	112	135	*509*

(ii) Consommations sur mélange pauvre aux basses altitudes :

| Pression d'admission | | Tr/min | | | | | | | | | |
| Pouces de mercure | *Bars* | 2.700 | | 2.400 | | 2.200 | | 2.000 | | 1.800 | |
		gal. Imp/US	*litres*	gal. Imp/US	*litres*	gal. Imp/US	*litres*	gal. Imp/US	*litres*	gal. Imp/US	*litres*
46	*1,58*	67/81	*305*	62/74	*282*	59/71	*268*	53/64	*241*	49/59	*223*
40	*1,35*	55/66	*250*	52/62	*236*	47/57	*214*	44/53	*200*	40/48	*182*
35	*1,19*	47/57	*214*	44/53	*200*	41/49	*186*	37/44	*168*	34/41	*155*
30	*1,02*	41/49	*186*	36/43	*164*	34/41	*155*	31/37	*141*	28/34	*128*
25	*0,85*	33/40	*150*	29/35	*132*	27/32	*123*	25/30	*114*	22/26	*100*
20	*0,68*	25/30	*114*	23/28	*105*	21/25	*95*	19/23	*86*	17/20	*77*

Ces chiffres s'appliquent à une altitude de 2.000 pieds *(610 mètres)*. Pour chaque 2.000 pieds *(610 m)* au-dessus de cette altitude (jusqu'à 10.000 pieds *(3.050 m)*) ajoutez 1,5 gallon *[Impérial] (6,8 litres)* par heure.

(iii) <u>Consommations sur mélange pauvre aux altitudes moyennes</u> :

Pression d'admission		Tr/min									
Pouces de mercure	Bars	2.700		2.400		2.200		2.000		1.800	
		gal. Imp/US	litres	gal. Imp/US	litres	gal. Imp/US	litres	gal. Imp/US	litres	gal. Imp/US	litres
40	1,35	62/75	282	57/68	259	53/64	241	48/58	218	-	-
35	1,19	53/64	241	49/59	223	46/55	209	42/50	191	39/47	177
30	1,02	45/54	205	42/50	191	39/47	177	36/43	164	33/40	150
25	0,85	38/45	173	35/42	159	32/38	145	30/36	136	28/34	127
20	0,68	30/36	136	28/34	127	26/31	118	24/29	109	23/28	105

Ces chiffres s'appliquent aux altitudes entre 10.000 et 20.000 pieds *(3.050 et 6.100 m)*.

(iv) <u>Consommation sur mélange pauvre aux altitudes élevées</u> :

Pression d'admission		Tr/min									
Pouces de mercure	Bars	2.700		2.400		2.200		2.000		1.800	
		gal. Imp/US	litres	gal. Imp/US	litres	gal. Imp/US	litres	gal. Imp/US	litres	gal. Imp/US	litres
40	1,35	63/76	286	57/68	259	-	-	-	-	-	-
35	1,19	54/65	245	50/60	227	47/56	214	-	-	-	-
30	1,02	46/55	209	43/52	195	41/49	186	38/46	173	-	-
25	0,85	40/48	182	37/44	168	35/42	159	33/40	150	30/36	136
20	0,68	34/41	155	31/37	141	29/35	132	27/32	123	25/30	114

Ces chiffres s'appliquent aux altitudes entre 20.000 et 30.000 pieds *(6.100 et 9.150 mètres)*. Pour chaque 2.000 pieds *(610 m)* au-dessus de 30.000 pieds *(9.150 mètres)* ajoutez 1 gallon *[Impérial] (6,8 litres)* par heure.

(v) <u>Capacité d'emport de carburant</u> :

	Gallons Impériaux	Gallons US	Litres
Deux réservoirs principaux - chacun	76,5	92	348
Deux réservoirs de combat largables - chacun	62,5	75	284
Réservoir du fuselage (lorsque installé)	71	85	323
Deux réservoirs de convoyage largables - chacun	125	150	568

<u>Note sur le premier graphe page suivante</u> :
Les régimes de vol II à V utilisent des réglages moteur de plus en plus économes. Par exemple, au niveau de la mer :
Régime II : mélange sur AUTO-RICH, 2.100 tr/min, pression d'admission de 41 pouces [de mercure] (1,39 bars).
Régime IV : mélange sur AUTO-LEAN, 1.600 tr/min, pression d'admission de 35 pouces [de mercure] (1,18 bars).

COURBES DE DISTANCE FRANCHISSABLE [34]

DISTANCE FRANCHISSABLE POUR L'AVION SANS CHARGES EXTERNES

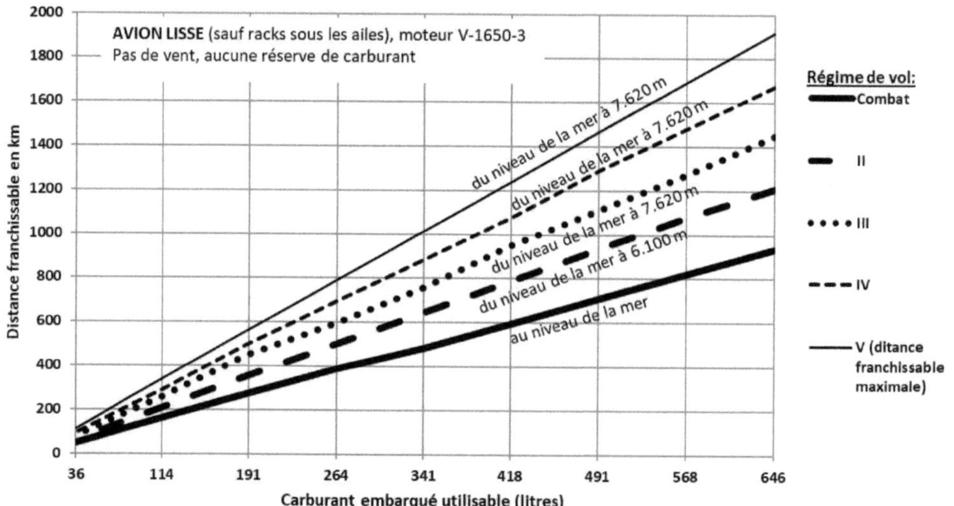

DISTANCE FRANCHISSABLE MAXIMALE AVEC CHARGES EXTERNES
(moteur V-1650-3, pas de vent, aucune réserve de carburant allouée pour la navigation et les phases de montée/descente/attente/combat)

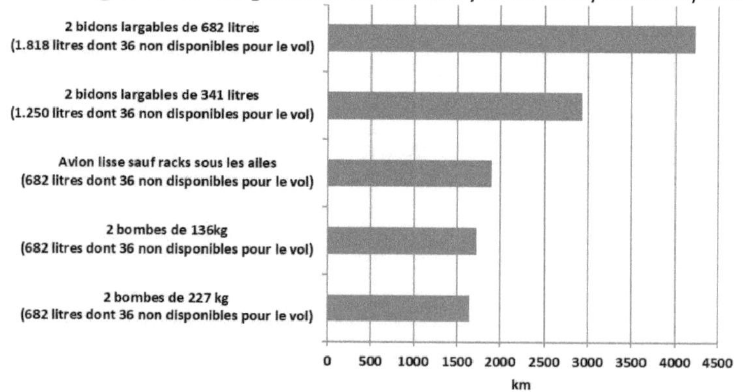

---

[34] Ces courbes n'étaient pas incluses dans la première impression de juin 1944, ni dans les listes de révision n°1 d'octobre 1944 et n°2 de mars 1945 : seul un espace leur était réservé pour une publication future. Les courbes ci-dessus ont été tracées lors de la traduction à partir des données de l'annexe II des notes américaines à l'intention des pilotes de P-51B-1 (équivalent US du Mustang III de la RAF), Technical Order 01-60JD-1 de juillet 1943. Se reporter à cette annexe II (et paragraphe 57 ici) pour les détails (tr/min, vitesse, pression d'admission) de chaque régime de vol à différentes altitudes.

IVème PARTIE

SITUATIONS D'URGENCE

58. Panne du circuit hydraulique

(i) <u>Train d'atterrissage</u> :
Si les roues ne s'abaissent pas :

(a) Sélectionnez la position DOWN pour le train d'atterrissage, et tirez la poignée marquée EMERGENCY. Ceci contourne le circuit hydraulique normal et permet aux portes de carénage et aux roues de descendre sous leur propre poids.

(b) Secouer l'avion d'un côté à l'autre pour verrouiller les roues.

(c) La poignée EMERGENCY doit être enfoncée avant que le fonctionnement normal du circuit hydraulique puisse reprendre.

(ii) <u>Volets hypersustentateurs (Mustang III seulement)</u> :
Sélectionnez l'angle désiré pour les volets hypersustentateurs. Si la pompe entrainée par le moteur n'est pas efficace, essayez d'abaisser les volets hypersustentateurs avec la pompe à main. Il n'y a pas d'autre méthode pour abaisser les volets hypersustentateurs.

(iii) <u>Volets des radiateurs du liquide de refroidissement et d'huile (modèles hydrauliques seulement)</u> :
Placez le commutateur sur OPEN ou CLOSE, comme désiré, et actionnez la pompe à main. Ramenez le commutateur au neutre quand l'angle d'ouverture souhaité est obtenu : environ 20 à 30 pleines courses de la pompe à main sont nécessaires pour ouvrir ou fermer complètement les volets des radiateurs.

59. Largage d'urgence des bombes ou des réservoirs largables : Sur le Mustang III, pour larguer des bombes ou des réservoirs largables, soulevez le couvercle de protection et poussez la poignée de la commande des bombes complètement en avant sur SALVO. Sur Mustang IV, tirez en arrière les deux poignées marquées BOMB SALVO. Ceci libérera les bombes sans qu'elles soient armées.

Note : S'il est nécessaire de larguer les réservoirs sous les ailes ou les bombes alors qu'il y a encore du carburant dans le réservoir du fuselage, le pilote doit s'attendre à un changement soudain d'assiette et à une augmentation de l'instabilité.

60. **Évacuation en parachute** : Tirez la poignée d'urgence rouge sur le rail droit de la verrière et poussez cette dernière directement vers le haut.

61. **Atterrissage forcé**

(i) Maintenez la vitesse à au moins 140 m.p.h. *(225 km/h)* au badin pendant l'opération des volets hypersustentateurs et du train d'atterrissage.

(ii) Ouvrez la verrière et verrouillez-là (si une verrière s'ouvrant sur le côté est installée, larguez-là). Assurez-vous que le harnais est bien serré.

(iii) Coupez l'arrivée de carburant, placez la commande de mélange sur IDLE CUT-OFF et ouvrez (OFF) tous les interrupteurs.

(iv) Il est fortement recommandé de ne pas tenter d'abaisser le train d'atterrissage puisqu'il ne pourra pas être remonté à nouveau en cas d'urgence en vol ou au sol.

(v) Abaissez les volets hypersustentateurs à 20° avant le dernier virage de l'approche, qui doit être faite à 140 m.p.h. *(225 km/h)* au badin.

(vi) Les volets hypersustentateurs peuvent être abaissés complètement seulement quand il est certain que l'aérodrome ou le terrain d'atterrissage peut être atteint confortablement.

La vitesse peut ensuite être réduite à 120 m.p.h. *(193 km/h)* au badin lors de l'approche finale.

(vii) Si une pression d'huile est disponible, le vol plané peut être considérablement allongé en réglant le levier de commande de l'hélice complètement en arrière.

62. **Trousse de premiers soins** : La trousse de premiers soins est rangée au-dessus et derrière le siège du pilote entre les supports du pylône de protection en cas de renversement.

63. **Amerrissage** [35]

    (i) Il est fortement recommandé que les pilotes évitent l'amerrissage, ils doivent sauter en parachute si possible. Même lors d'un vol de croisière à basse vitesse au niveau de la mer, si le pilote réagit immédiatement, une altitude d'environ 800 pieds *(245 m)* peut être atteinte rapidement, permettant ainsi au pilote de sauter en parachute.

    (ii) Si, cependant, l'amerrissage est inévitable, les réservoirs largables ou les bombes doivent être largués ; la vitesse doit être réduite autant que possible, et les volets hypersustentateurs doivent être abaissés à 30°. Amerrissez le long du dessus de la houle, en faisant pencher le saumon d'aile du côté au vent de façon à ce qu'il frappe l'eau en premier.

    Ceci aura comme conséquence de virer brutalement après l'impact, mais réduira la tendance à enfourner. Cette manœuvre réclame une évaluation très précise de l'altitude.

64. **Charges incendiaires** : Un rangement pour deux charges incendiaires est prévu au plancher du poste de pilotage.

65. **Destruction du transpondeur IFF** : [36] Les boutons et l'interrupteur des charges de destruction sont sur la cloison de droite du poste de pilotage.

Vème PARTIE
ILLUSTRATIONS

	Fig.
Schéma simplifié du circuit de carburant	1
Tableau de bord	2
Poste de pilotage : côté gauche	3
Poste de pilotage : côté droit	4

---

[35] Les Britanniques, puis les Américains, avaient procédé à de nombreux essais d'amerrissage de modèles réduits de leurs principaux avions pour déterminer les meilleures techniques d'approche et ainsi conseiller au mieux les pilotes. Les rapports d'incidents (lorsqu'il y avait de survivants) étaient également analysés avec soin.

[36] Le transpondeur IFF (Identification Friend or Foe) est un petit transmetteur qui donne une forme caractéristique à l'écho d'un avion ami sur l'écran radar. Les interrupteurs d'urgence mettent à feu une petite charge explosive pour détruire le transpondeur et éviter qu'il ne tombe aux mains de l'ennemi. Cette charge était mise en place par les artificiers juste avant le vol, et enlevée dès l'atterrissage.

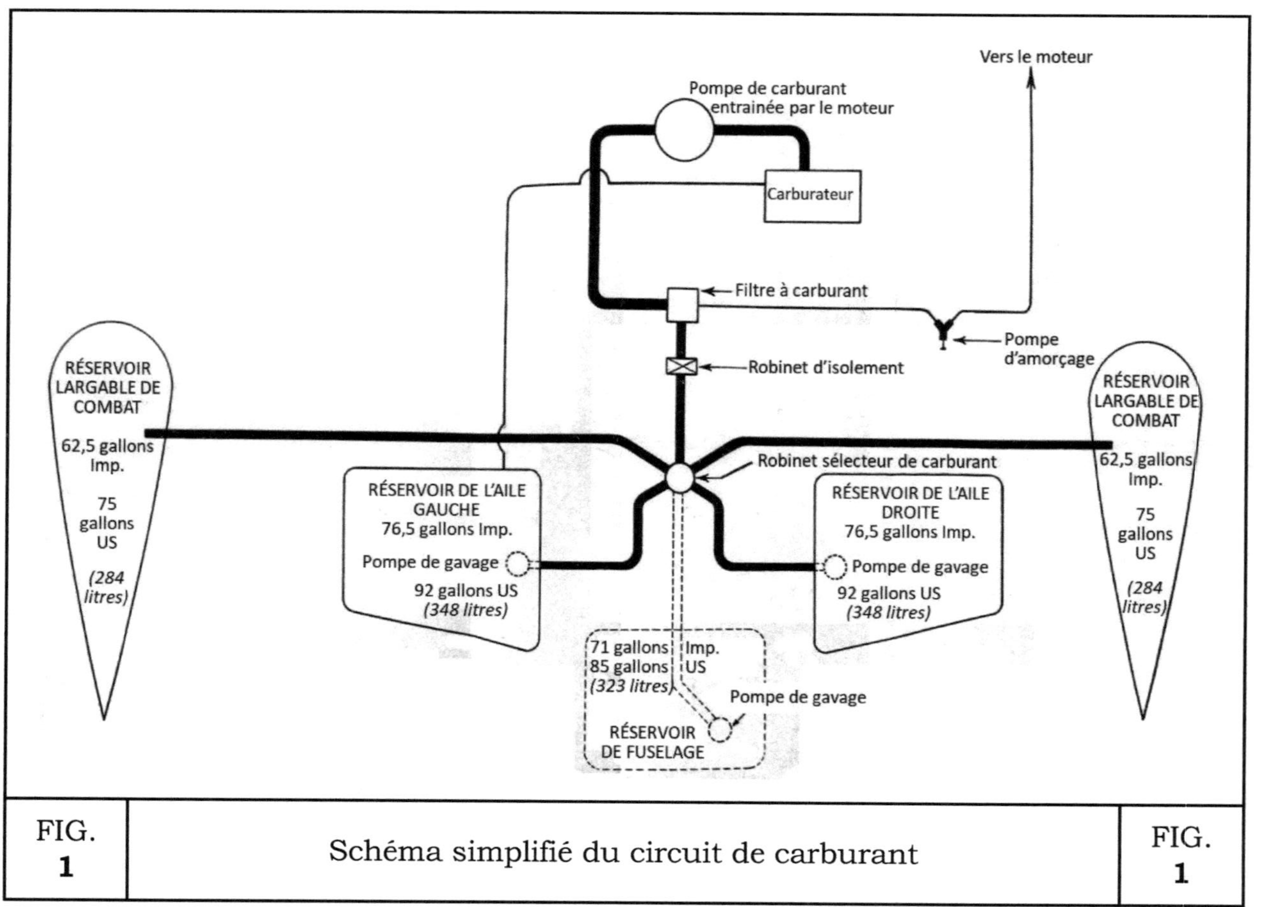

FIG.
1

Schéma simplifié du circuit de carburant

FIG.
1

<table>
<tr><td>FIG.
2</td><td>TABLEAU DE BORD</td><td>FIG.
2</td></tr>
</table>

LÉGENDE DES FIGURES 2 ET 3

1. Poignée de la commande de bombes
2. Système d'arrêt de la régulation automatique de la pression d'admission (désactivé)
3. Indication déportée du compas
4. Bouton de test du voyant d'alarme du train d'atterrissage
5. Voyant d'alarme du train d'atterrissage
6. Bouton de libération des bombes
7. Commande de SECOURS de l'oxygène
8. Commande AUTOMIX de l'oxygène
9. Régulateur à la demande d'oxygène.
10. Voyant d'alarme de pression de l'oxygène
11. Rhéostat des lampes fluorescentes
12. Manomètre du circuit hydraulique
13. Tirette d'urgence du train d'atterrissage
14. Voyant témoin du changement de rapport du compresseur
15. Commutateur de changement de rapport du compresseur
16. Commande de prise d'air du carburateur
17. Interrupteur manuel du radiateur de liquide de refroidissement
18. Interrupteur manuel du radiateur d'huile
19. Levier de la manette des gaz
20. Bouton de transmission radio
21. Gâchette de mise à feu des mitrailleuses
22. Commande de dégivrage du parebrise
23. Jauge de carburant du réservoir principal gauche

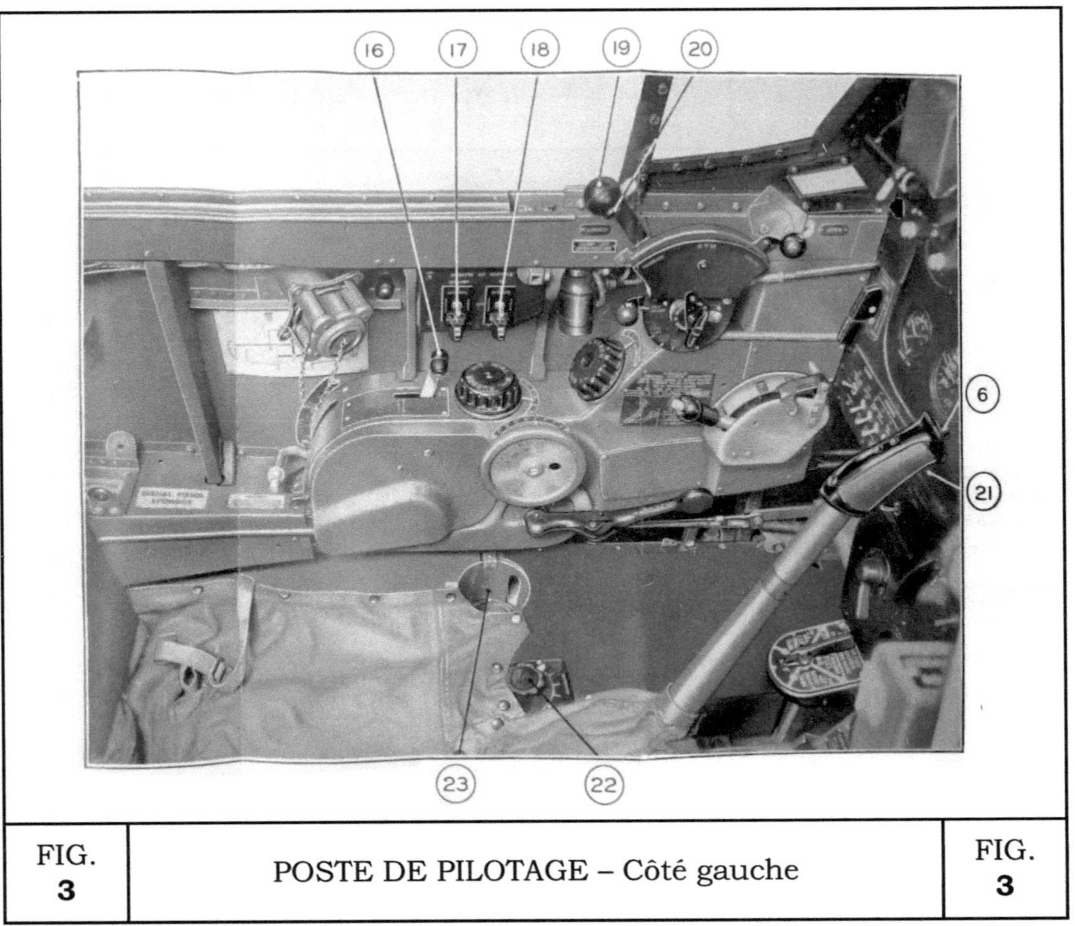

FIG.
3

POSTE DE PILOTAGE – Côté gauche

FIG.
3

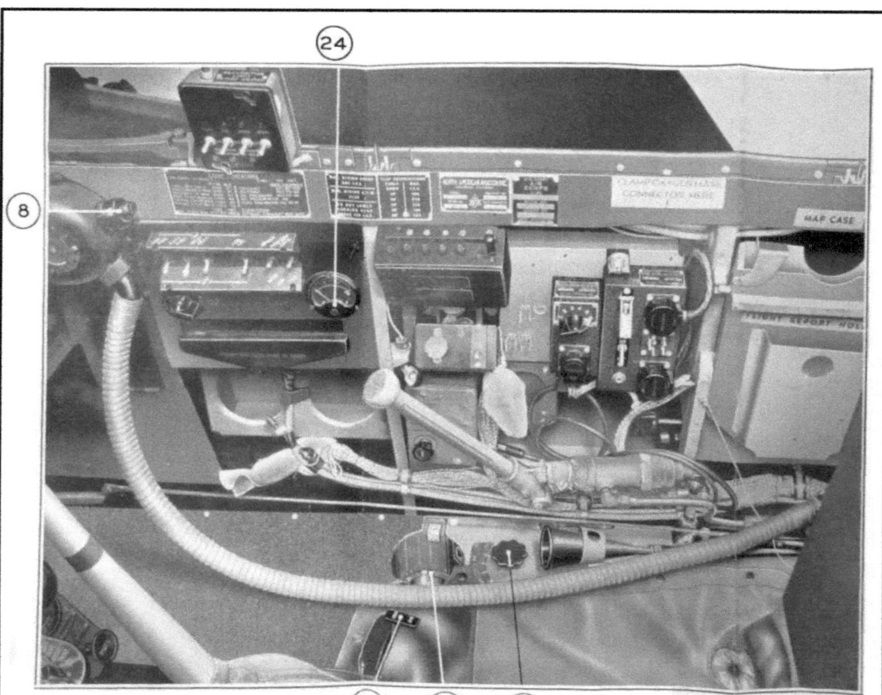

LÉGENDE DE LA FIGURE 4

8. Commande AUTOMIX de l'oxygène
24. Ampèremètre
25. Commande de l'air chaud pour la cabine
26. Jauge de carburant du réservoir principal droit
27. Commande de l'air froid pour la cabine

FIG. 4

POSTE DE PILOTAGE – Côté droit

FIG. 4

BIBLIOGRAPHIE SOMMAIRE SUR LE P-51 MUSTANG ET LE MOTEUR MERLIN

Il y a de nombreux ouvrages consacrés au Mustang. Quelques exemples sont listés ci-après. Un court commentaire en italique donne quelques impressions de lecture.

BERGÈSE, Francis. Ouest France. *Deux petits livrets intéressants.*
- **North American P-51 Mustang**. 1980. ISBN 2858823081.
- **Documents sur le North American P-51 Mustang**. 1980. ISBN 2858823406.

BINGHAM, Victor F.. **Merlin power : the growl behind air power in World War 2**. Airlife Publishing. 1998. ISBN 978-1853100680.

BIRCH, David. **Rolls-Royce and the Mustang.** Rolls-Royce Heritage Trust. 1987. ISBN. 978-0951171004. *Un livre passionnant, très bien écrit.*

BOWMAN, Martin. **P-51 Mustang vs Fw 190 : Europe 1943-45**. Osprey. 2007. ISBN 978-1846031892.

COTTER, Jarrod et HAMMOND, Maurice. **North American P-51 Mustang manual : 1940 Onwards, all Marks**. Haynes Owner's Workshop Manuals. 2010. ISBN 978-1844258703.

DARLING, Kev. **Combat Legend P-51 Mustang**. Crowood Press. 2002. ISBN 978-1840373578.

EHRENGARDT, Christian-Jacques : *Des numéros hors-série richement illustrés.*
- **P-51 Mustang, l'avion qui n'aurait jamais dû exister. 1940 - 1943**. Aérojournal hors-série n°12, septembre 2012. ISSN 2103-7922.
- **P-51 Mustang : Master and Commander. 1944 - 1945**. Aérojournal hors-série n°12, septembre 2012. ISSN 2103-7922.

DELVE, Ken. **The Mustang story**. Arms & Armour. 1999. ISBN 978-1854092595. *Un livre équilibré, très bien documenté, comme beaucoup d'autres titres de cet auteur.*

DOUGLAS, Calum E.. **The secret horsepower race : Western front fighter engine development**. Mortons Media. 2020. ISBN 978-1911658504. *Ce livre permet de comparer le Merlin avec les moteurs contemporains. Un impressionnant travail de recherche.*

HARLEY-BAILEY, Alec. **The Merlin in perspective : The combat years**. Rolls-Royce Heritage Trust. 1987. ISBN 978-0951171011.

JACKSON, Robert. **Mustang : the operational record**. Airlife. 1992. ISBN 978-1853102127.

LOWE, Malcolm. **North American P-51 Mustang**. Crowood Press. 2009. ISBN 978-1861268303.

LUDWIG, Paul A.. **P-51 Mustang: Development of the long range escort fighter**. Classic Publications. 2003. ISBN 978-1903223147.

MARSHALL, James W. et FORD, Lowell F.. **P-51B Mustang : North American's bastard stepchild that saved the Eighth Air Force.** Osprey. 2020. ISBN 978-1472839664.

WILSON, Gordon A. A.. **The Merlin : The engine that won the Second World War.** Amberley. 2020. ISBN 978-1398103252.

QUELQUES TITRES DE CETTE SÉRIE

Utilisation principale	Avion
Formation	Tiger Moth II Harvard III (AT-6)
Chasseur et **chasseur-bombardier**	Spitfire I ; Spitfire F.IX, PR.XI & LFXVI Mosquito FII, NF: XII, XIII, XVII & XIX Havoc II (A-20) ; Typhoon IAB Airacobra I (P-39) Tomahawk I & II (P-40) Thunderbolt I & II (P-47) Beaufigther VI, TFX & TFXI Hurricane I et Sea Hurricane I Mohawk IV (P-36) Mustang III & IV (P-51) Meteor III ; Vampire F1
Bombardement	Halifax II & V Lancaster I, III & X Mitchell II (B-25) Fortress GRIIA, GRII & III, BII &III (B-17)
Planeur de combat ou **transport de parachutistes**	Dakota I, III & IV (C-47) Hadrian I (CG-4A) Hamilcar I ; Horsa I & II
Aéronavale et **surveillance maritime**	Corsair I à IV (F4U, F3A & FG-1) Hellcat I & II (F6F) Martlet II & III (F4F Wildcat) Avenger I, II & III (TBF & TBM) Swordfish I à IV Catalina I, IB, II & IV (PBY) Wellington III & X
Missions secrètes	Lysander III & IIIA